Stefanie Höfler

Feuerwanzen lügen nicht

Lehrerheft

Dr. Heike Krauter-Dierolf
Christian Fuchs

Krapp & Gutknecht

INHALTSVERZEICHNIS

SYMBOLE ALS ORIENTIERUNGSHILFEN

Als Orientierungshilfe enthalten die Arbeitsblätter und der Lesebegleiter am Rand folgende Symbole:

- Leseauftrag
- Szenisches Spiel
- Internetrecherche
- Kreativaufgabe
- Analyse
- Partnerarbeit
- Gruppenarbeit
- Schreibaufgabe
- Figurenseite
- Mündlich/Sprechen
- Klassengespräch

S. 7 **Dieses Symbol verweist auf die Seite im Lesebegleiter.**

QR-Code mit weiteren Inhalten
Scannen Sie den QR-Code oder geben Sie den **Link** in die Adresszeile eines Browsers ein.

Downloadbereich
Die Zugangsdaten zum Downloadbereich finden Sie vorn auf der Innenseite des Umschlages.

VORWORT

Liebe Lehrkraft,

sollten Sie dringend mal wieder „ausmisten", weil die Schränke überquellen und Sie unzählige Dinge besitzen, die Sie nicht mehr brauchen? Viele von uns – und auch viele Schülerinnen und Schüler – leben im Überfluss. Aber nicht alle.

Armut in Deutschland ist häufig unsichtbar, denn wer arm ist, versucht oft, sie zu verbergen. Vielleicht ist Ihnen schon aufgefallen, dass gerade die Kinder, die am wenigsten besitzen, bei Schulausflügen am sichtbarsten Geld ausgeben. Niemand soll sehen, wie es wirklich ist ...

Armut und Scham gehören eng zusammen. Und Scham und Lügen gehören zusammen. Freundschaft und Lügen passen dagegen nicht zusammen. Stefanie Höfler bringt in ihrem Roman *Feuerwanzen lügen nicht* all diese Themen zusammen – und würzt sie mit viel Witz und Sprachakrobatik.

Unser Lesebegleiter will Sie und Ihre Schülerinnen und Schüler durch diesen Roman begleiten. Wo Ihre thematischen Schwerpunkte liegen, wird sicher davon abhängen, wie überfüllt oder leer die Kinderzimmer Ihrer Schülerinnen und Schüler sind. Wir hoffen aber, dass alle – egal ob aus dem Plattenbauviertel oder der Villengegend – mit Hilfe des Romans und unseres Lesebegleiters einen Blick auf das Leben jenseits der eigenen Blase bekommen.

Die Lösungsvorschläge im Lehrerheft beziehen sich auf die Aufgaben des Lesebegleiters. Ergänzend sind weitere Arbeitsblätter – auch zu Reportagen über Armut – sowie Ideen für Klassenarbeiten enthalten.

Sie können den Lesebegleiter im Rahmen von Planarbeit oder anderen individuellen Lernformen selbstständig von den Schülerinnen und Schülern bearbeiten lassen. Sie können ihn aber auch im Klassenunterricht nutzen. Wir stellen Ihnen einen Vorschlag für die Planarbeit zur Verfügung, den Sie nach Ihren Bedürfnissen anpassen können.

Konzipiert sind die Materialien primär für den Deutschunterricht der Klassen 6 bis 8. Sie können aber auch im Rahmen des Religions- oder Ethikunterrichts der entsprechenden Klassen eingesetzt werden. Auch zum Gemeinschafts- bzw. Sozialkundeunterricht ergeben sich Anknüpfungspunkte.

Zur Einstimmung empfehlen wir Ihnen den FAZ-Podcast „Ein Außenseiter, den alle mögen", in dem Stefanie Höfler über ihren Roman spricht. **kugverlag.de/shfaz**

Wir wünschen Ihnen und Ihren Schülerinnen und Schülern spannende und bereichernde Leseerfahrungen!

Heike Krauter-Dierolf *Christian Fuchs*

Die Seiten- und Zeilenangaben beziehen sich auf:

Stefanie Höfler
Taschenbuch
Feuerwanzen lügen nicht
Gulliver
240 Seiten
ISBN 978-3-407-81346-6
Bestell-Nr. tbFeuerwanzen

Dr. Heike Krauter-Dierolf
Christian Fuchs
Lesebegleiter
Feuerwanzen lügen nicht
Krapp & Gutknecht Verlag
52 Seiten
ISBN 978-3-96323-187-2
Bestell-Nr. S2187

INHALTSÜBERSICHT

Kapitel und Tier	Inhalt	Seiten
1 **Enten**	Der hibbelige, gern in Reimen sprechende Nits, der Ich-Erzähler, stellt sich und seinen Freund Mischa, einen tierliebenden Musterschüler, vor. Dazu erzählt er zunächst, wie sie in der Grundschulzeit gemeinsam Enten erschreckt haben. Die eigentliche Geschichte beginnt dann damit, dass Mischa erzählt, dass Mäuse Löcher in seine Badehose gefressen hätten.	5–17
2 **Paviane**	Obwohl Mischa immer gesagt hat, er würde nur im absoluten Notfall lügen, lügt er den Lehrer an und behauptet, er habe eine Chlorallergie. Der Lehrer verlangt ein Attest. Nits holt mit Mischa dessen kleine Schwester Amy ab und erzählt, wie er Mischa in der ersten Klasse kennengelernt hat und über dessen Familie. Die Mutter arbeitet als Biologin im Urwald, der Vater hat Gelegenheitsjobs.	18–30
3 **Faultiere**	In der nächsten Woche ist Mischa zunächst wegen des fehlenden Attests schlecht gelaunt, bringt dann aber ein Attest von einem „Urwalddoktor“, dem Arzt seiner Mutter. Im Park unterhalten sich Mischa und Nits über Faultiere und andere Kopfüber-Tiere. Als eine junge Frau vorbeikommt, reagiert Mischa seltsam.	31–40
4 **Kakadu**	Nits begleitet seinen Bruder Ole beim Einkaufen und findet zufällig heraus, dass es Mischas angeblichen Urwalddoktor gar nicht gibt, dass also auch das Attest gefälscht ist.	41–47
5 **Feuerwanzen**	Am nächsten Tag verhält sich Mischa anders als sonst. Als Nits ihn mit dem gefälschten Attest konfrontiert, reagiert er mit Schweigen. Die beiden Jungen stehen nebeneinander, eine Feuerwanze krabbelt über ihre Schuhe. Schließlich erzählt Mischa, dass sein Vater in der Nacht nicht heimgekommen ist.	48–61
6 **Mäuse**	Nits kommt zum ersten Mal in Mischas Wohnung und stellt fest, dass Mischas Welt eine absolut andere ist als seine. Jetzt erst erkennt er, dass Mischas Familie arm ist. Amy erzählt, dass ihre Mutter aus dem Urwald mit Hilfe von Morsezeichen Nachrichten in die Wasserleitung schickt. Mischa versteht, dass auch die Geschichte mit der Mutter erfunden ist. Der Vater kommt zurück und bringt Amy Rollschuhe mit. Eine Frau Heizmann ruft an.	62–71
7 **Hummeln**	Der Vater hat zum Essen Gefrierpommes mitgebracht. An der Küchentür entdeckt Nits Größenstriche wie bei sich zu Hause. Mischas Vater erzählt eine verrückte, offensichtlich erfundene Geschichte über sein Wegbleiben. Zum Nachtisch gibt es nicht mehr ganz frische Erdbeeren. Nits erfährt, dass Mischas Vater das Attest geschrieben hat, weil sie kein Geld für eine Badehose hatten.	72–80

Kapitel und Tier	Inhalt	Seiten
8 **Flughund**	Nits kommt nach Hause und nimmt wahr, wie anders ihre Küche ist. Die Mutter wirft Erdbeeren in den Biomüll, die genauso aussehen wie die, die Nits kurz vorher mit Mischa gegessen hat. Nits kocht zusammen mit seiner Mutter und unterhält sich mit ihr zunächst übers Lügen und dann über seinen Besuch bei Mischa. Seinem Bruder erzählt er nichts, sondern lügt ihn an.	81–91
9 **Fischreiher**	Nits ist wieder bei Mischa. Als sein Vater ihn einkaufen schicken will, reagiert er seltsam. Sie gehen zur Tafel und kaufen dort ein. Mischa bekommt Kaviar für seinen Vater geschenkt. Vor dem Laden begegnen sie der seltsamen Sophie. Nits erzählt seinem Vater vom Besuch bei der Tafel. Nits nimmt Mischa in der Folgezeit anders wahr. Im Unterricht sprechen sie über Armut; Sophie hält dazu einen Vortrag. Auf ein Geldangebot reagiert Mischa äußerst ablehnend.	92–106
10 **Stinkwanzen**	Mischa verhält sich ablehnend gegenüber Nits. Dieser verspürt Wut und Reue, weil er merkt, dass sein Geldangebot Mischa beschämt hat. Nach einer kurzen Aussprache folgt Nits Mischa heimlich in den Zoo. Mischa entdeckt ihn und offenbart sein zweites großes Geheimnis. Dass die Mutter als Forscherin im Urwald ist, hat der Vater den Kindern nur vorgespielt, in Wahrheit hat sie die Familie vor vielen Jahren verlassen. Mischa weiß das seit zwei Jahren, seit seiner „Stinkwanzenphase“. Nits fühlt sich belogen und rennt weg.	107–121
11 **Meisen**	In den nächsten Tagen meidet Nits Mischa. Mischa sucht schließlich das Gespräch mit Nits und spricht über seine Scham. Er fühle sich wie die auffällige, mutierte Meise, die neben ihnen herumhüpft. Nits versteht – und stellt fest, dass er Mischa trotz aller Lügen kennt.	122–127
12 **Karpfen**	Mischa hat eine neue Jacke und neue Turnschuhe, weil sein Vater einen festen Job hat. Als Mischa und Nits am Teich sitzen, bemerken sie Mischas Vater.	128–132
13 **Tausendfüßler**	Als sie gerade beobachten, wie Mischas Vater sich mit zwei finsteren Typen trifft, kommt Frau Heizmann, die Frau vom Jugendamt. Nits lenkt sie ab. Mischas Vater wird von den Typen verfolgt. Mischa hat Angst, dass das Jugendamt ihn und Amy wegen Kindeswohlgefährdung von ihrem Vater trennt.	133–138
14 **Fliegen**	Nits kauft mit seiner Mutter neue Turnschuhe und denkt erstmals über deren Preis nach. Mischas Vater ist wieder verschwunden. Nits ist dabei, als Mischa seiner Schwester die Wahrheit über ihre Eltern erzählt. Die Typen klingeln an der Wohnung. Aus Angst vor dem Jugendamt beschließen die Kinder, nicht die Polizei zu rufen, sondern den Vater selbst aus der Sache rauszuholen.	139–151

Kapitel und Tier	Inhalt	Seiten
15 **Hunde**	Nits unterhält sich mit seinen Eltern über Mischas Mutter. Am nächsten Tag beschließen die Kinder, die Typen zu verfolgen, um den Vater wiederzufinden. Zuhause erwartet sie ein mysteriöser Brief des Vaters, in dem er sie auffordert, Döner zu essen. Außerdem fehlen der Fernseher und Mischas Atlas.	152–163
16 **Kellerassel**	Während die Typen in die Wohnung einbrechen, verstecken sich die Kinder auf dem Dachboden. Dann verfolgen sie die Verbrecher, die Amys Lesebuch geklaut haben, zu ihrem Kellerversteck und es wird klar, dass die Verbrecher auch nicht wissen, wo der Vater ist. Mischa und Amy übernachten bei Nits, wo die Jungs über das weitere Vorgehen beraten. In der Nacht wird Nits von seiner Mutter abgefangen; er erzählt ihr alles und verspricht, bis zum nächsten Abend nichts zu unternehmen.	164–177
17 **Krähen**	Als Mischa und Nits zur Schule kommen, ist dort eine Frau vom Jugendamt. Ihr Lehrer Bassler deckt Mischa aber. Entgegen der Abmachung mit der Mutter versucht sich Nits an der Problemlösung und verkauft Oles Sportsachen, um an Geld zu kommen. Die ersten Transaktionen funktionieren gut, doch dann meldet sich der Lehrer Bassler auf eine Anzeige und will mit Nits und Mischa sprechen.	178–192
18 **Dönertier**	Beim Abendessen berichtet die Mutter, dass sie mit Frau Heizmann vom Jugendamt telefoniert hat. Mischa und Amy können zwar vorübergehend bleiben, aber der Vater muss gefunden werden. Mischa ist am Boden zerstört. Beim Gespräch mit Bassler am nächsten Morgen erklärt Nits, er verkaufe die Sportsachen im Auftrag seiner Familie. Gegenüber Mischa verhält sich Bassler überraschend verständnisvoll. Auf dem Heimweg kapiert Nits, dass die Aufforderung, Döner zu essen, ein Hinweis ist, und tatsächlich entdecken sie in Gregors Dönerbude Mischas Vater.	193–203
19 Vatertiere • *Riesenwasserwanzenväter* • *Dreigestachelte Stichlinge* • *Nandus* • *Mistkäfer* • *Albatrosse* • *Seepferdchen*	Im Gespräch mit Mischas Vater in der Dönerbude erfahren die Jungen, dass er für die Ganoven gestohlene Sportsachen verkauft hat. Nun taucht Frau Heizmann auf – sie ist Gregors Freundin. Mischas Vater erzählt ihr zunächst eine Lügengeschichte, doch dann beginnt Mischa mit der Wahrheit. Nachdem Nits' Mutter auftaucht, wird das Gespräch bei Nits zu Hause fortgesetzt.	204–214
20 **Amsel**	Nits gibt gegenüber Ole zu, dass er dessen Sportsachen verkauft hat. Dieser reagiert mit einem Lob. Am nächsten Morgen müssen alle zu einer Anhörung zur Polizei. Während sie hinterher auf die Jugendamtsmitarbeiterinnen und Nits' Mutter warten, sprechen Mischa und sein Vater erstmals über Mischas Mutter. Nits erkennt, dass das das „Reset" ist.	215–222
21 **Stirnlappenbasilisken**	Am nächsten Samstag ist Nits' Familie bei Mischa zu Hause eingeladen. Später kommt Frau Heizmann und Nits denkt über ihre Rolle nach. Im Park versuchen Amy, ihr Vater und Nits übers Wasser zu laufen – RESET.	223–232

PRÄSENTATIONEN

Themenvorschläge

Im Folgenden werden Themen für Präsentationen unterschiedlichen Umfangs aufgeführt. Diese Themen können zur Vertiefung dienen, vor allem auch dann, wenn der Roman für die Beschäftigung mit dem Thema Armut im Religions- oder Ethikunterricht eingesetzt wird.

Die farbigen Kopiervorlagen befinden sich im Downloadbereich. Die Zugangsdaten finden Sie vorn auf der Innenseite des Umschlages.

ARMUT UND ERNÄHRUNG
zu Kapitel 7

DIE AUFGABE DES JUGENDAMTS

ARMUT IST NICHT GLEICH ARMUT
Verschiedene Definitionen von Armut
„Sophies Referat", zu Kapitel 9

KINDERARMUT IN DEUTSCHLAND

HILFE FÜR BEDÜRFTIGE
Unterstützungsangebote in unserer Stadt

KINDERARMUT WELTWEIT

TAFELN
zu Kapitel 9

LÖSUNGEN ZU DEN AUFGABEN DES LESEBEGLEITERS

Vor dem Lesen

S. 4

Erste Begegnung mit dem Buch

➲ **Aufgabe**

a) Auf dem Titelbild ist ein herz- oder felsähnliches rotes Gebilde zu erkennen, das als Wiese stilisiert ist. Auf der Wiese sitzen bzw. liegen zwei Jungen in entspannter Haltung nebeneinander. Einer trägt ein weißes Hemd. Zwei Feuerwanzen krabbeln auf dem Gebilde, eine aufwärts, eine zur Seite.

b) Individuelle Lösung. Möglicherweise denken die Schülerinnen und Schüler daran, dass Feuerwanzen häufig in großen Gruppen auftreten. Vielleicht assoziieren sie auch Gefahr (Feuer, Warnfarbe) damit.

c) Verschiedene Vermutungen sind möglich. Wichtig ist, dass sie jeweils begründet werden.
   - Freundschaft wegen der beiden Jungen.
   - Sie sitzen auf einem Herz oder einem roten Feld.
   - Die Feuerwanzen könnten für Gefahr oder Konflikt stehen. Dies deutet auch der Titel an.
   - Durch die unterschiedliche Kleidung der Jungen könnte es um Differenzen zwischen den beiden gehen.

d) Die Schülerinnen und Schüler sollten nach dem Lesen erkannt haben, dass eine Freundschaft auf die Probe gestellt wird und das Belügen des besten Freundes ein zentrales Thema des Buches ist. Auch die Familienverhältnisse, die geheimnisvoll angekündigt werden, können zum Gegenstand der Betrachtung gemacht werden. Auf Basis des Klappentextes kann hier noch einmal auf die Vermutungen zum Titelbild zurückgekommen werden.

Beim Lesen

Kapitel 1: Enten

S. 5

➲ Aufgabe 1

b) z. B. Stabreime und kaputte Badehosen

➲ Aufgabe 2: Zeit

Der Roman spielt in der Gegenwart, weil die Jungen wie heutige Kinder erklären.
Die „Erklärvideo-Stimme" (S. 13, Z. 9) zeigt, dass die Handlung nicht um 1970 spielen kann.

➲ Aufgabe 3

a) **Park mit Enten** – Enten-Erschrecken, Teich
Schule – Klassenlehrer Bassler, Schwimmunterricht
Brücke – Auto-Spucken, Badehose
Gregors Kiosk – kleinster Döner-Kiosk Deutschlands, unter einem Busch

b) Es gibt dort Mäuse. Sie ist in einem griesgrämig grauen Mietshaus. Nits ist noch nie dort gewesen.

Figurenseite: Nits und Mischa

S. 6

➲ Aufgabe 4: Nits und Mischa – die Hauptfiguren des Romans

a) **Aussehen Mischa:**
- geschwungene Stirn-Haarwelle
- ehrlich-ernster Blick
- weißes Hemd mit hochgekrempelten Ärmeln (S. 10)

Aussehen Nits:
- rabenschwarze Haare
- auf neun Millimeter rasiert (S. 8)

b) **Eigenschaften Nits:**
- Beispiel: „fantastische Vorstellungskraft" (S. 6, Z. 11)
- „hyperaktive Hibbeligkeit" (S. 6, Z. 22)
- „Wortmusik"/„Nits-Sprüche" (S. 7, Z. 1 f./20)

Eigenschaften Mischa:
- „Musterschüler [...] mit der außergewöhnlichen Aufmerksamkeit" (S. 6, Z. 17 f.)
- „ewige[r] Ernst" (S. 8, Z. 26)
- „schrecklich schlau" (S. 9, 24 f.)
- findet häufig wohlüberlegte Worte, liest sehr viel (S. 9)
- zeigt nach außen hin nicht seine Genialität (S. 10)
- hat einen sehr guten Ruf bei seinen Klassenkameraden (außer beim fiesen Felix) (S. 10)
- wird von allen für sehr glaubwürdig und verlässlich gehalten (S. 10)

c) **Familie Mischa:** Dad, der aussieht wie ein Rockstar (S. 15)
Familie Nits: Vater war auf Indienreise; Mutter hat indische Wurzeln (S. 8)

S. 8

Figurenseite: Mischas Vater

➲ Aufgabe 5: Mischas Vater

a) und b)

Aussehen:
- ein Tattoo am Hals (eine Schlange, die ihn zu erwürgen scheint)
- sieht aus wie ein Rockstar
- dünn wie Draht und trägt stets eine schwarze Lederhose und einen schäbigen Strickpulli
- hat silberne Ohrringe
- lange, schwarze, strähnige Haare (S. 15/16)
- schlaksiger Gang und wehende Haare

Verhalten:
- wirkt sehr lässig und cool
- liebevoll gegenüber Mischa
- wirkt etwas gestresst und abgehetzt
- kann Amy nicht von der Schule abholen, bittet Mischa darum um Hilfe (S. 15/16)

Fähigkeiten:
- magische Stimme, die rau und zugleich weich klingt
- kann tausend tolle Sachen, z. B. auf den Händen laufen, Karotten schnitzen, jonglieren (S. 15)

Beruf:
- Gelegenheitsjobs (S. 29)

S. 9

Fortsetzung Kapitel 1: Enten

➲ Aufgabe 6: Weitere Figuren

- **Herr Bassler:** Klassenlehrer von Mischa und Nits, wirkt sehr streng und unmenschlich (S. 11), hat eine Glatze und wird „bissiger Bassler“ (S. 11, Z. 21) genannt.
- **Fieser Felix:** gemein, äußert sich abfällig über andere (S. 10).
- **Schwimmlehrer Meininger:** Geschichten über ihn erzeugen bei Nits eine „Ganzkörper-Gänsehaut“ (S. 11, Z. 11), war auch Oles Schwimmlehrer. Scheint sehr streng zu sein.
- **Gregor:** Besitzer des „kleinsten Döner-Kiosk[s] Deutschlands“ (S. 17, Z. 17), wirkt vertraut mit Mischa und Nits.

➲ Aufgabe 7: Andeutungen ...

a) **Welche Erklärung gibt Mischa?** Mäuse haben Löcher in die Badehose gefressen.

Was ist seltsam an Mischas Antwort? Mischa redet ausführlich über die Mäuse. Die Möglichkeit, eine neue Badehose zu kaufen, erwähnt er nicht.

b)
- „irre Geschichte“ (S. 7, Z. 25 f.)
- „penetrant Peinliches“ über Mischas Familie (S. 7, Z. 28)
- Nits hat Mischa immer geglaubt, bis „das mit dem Attest passiert ist“. (S. 10, Z. 18)
- Nits hat bei einem Besuch bei Mischa etwas herausgefunden. (S. 10)
- das „Verrückte, Überraschende und Gefährliche, was passiert ist“ (S. 10, Z. 20 f.)
- Nits war noch nie in Mischas Wohnung. (S. 14)
- Mischa belügt den bissigen Bassler. (S. 17)

Kapitel 2: Paviane

S. 10

➲ Aufgabe 1

b) z. B. Der Bannkreis

➲ Aufgabe 2

Individuelle Antworten

➲ Aufgabe 3: Lügen

a) **Nits sagt über das Lügen:**
   - Menschen lügen zum eigenen Vorteil.
   - Menschen lügen aus Bequemlichkeit.
   - Menschen lügen, um nicht zuzugeben, dass sie etwas angestellt haben.
   - Menschen lügen, um etwas zu bekommen.

   Mischa sagt über das Lügen:
   - Menschen lügen aus Verzweiflung, wenn es nicht anders geht.
   - Menschen lügen, um sich selbst vor etwas Schlimmem zu schützen.

   Ich sage über das Lügen:
   - Individuelle Antworten

b) Nits findet die Lüge nicht schlimm, weil Mischa damit niemanden verletzt. Außerdem hat er das Gefühl, dass Mischa ihm vertraut und nicht er belogen wird, sondern „nur" der Lehrer.

c) Für Nits wirkt dieses Versprechen besonders gewichtig, weil Mischas Lüge so ungewohnt für seinen Freund ist. Nits kann die Tragweite seines Versprechens noch nicht einschätzen, aber ihm ist bewusst, dass die Wahrung des Geheimnisses für Mischa wichtige Folgen haben wird. Es fühlt sich anders an als vorherige Versprechen in dieser Freundschaft.

➲ Aufgabe 4: Mischas Familie

a) Mischa war ohne Eltern auf dem Spielplatz und hatte seine Schwester Amy im Kinderwagen dabei.

b) Für die anderen Kinder passt die zweite Bedeutung, sie trauten sich nicht an Mischa und Amy heran. Für Nits selbst passt die erste Bedeutung, denn er fühlte sich von den beiden Kindern angezogen.

c) aufgeweckt, chaotisch, echt, fröhlich, lebhaft, sportlich, talentiert, zappelig

d) **Abweichungen Vater** (vgl. S. 15):
   - Tätowierung des Vaters
   - Ohrringe fehlen
   - trägt keinen schäbigen Strickpullover

   Abweichungen Amy (vgl. S. 26 f.)
   - dünne, braune Zöpfe, die auf ihren Schultern wippen (S. 26)
   - Turnschuhe (S. 29, Z. 19) bzw. ausgezogene Turnschuhe (S. 26)

   Anmerkung: Man könnte die Schülerinnen und Schüler nach der Bearbeitung dieser Aufgabe einen alternativen Prompt formulieren lassen.

e) Mischas Vater hat offensichtlich keinen richtigen Beruf, sondern arbeitet in „Gelegenheitsjobs". Am Kapitelende wird außerdem angedeutet, dass er in zwielichtige Geschäfte verwickelt ist.

S. 13

Kapitel 3: Faultiere

➲ Aufgabe 1

b) z. B. Das Attest

➲ Aufgabe 2

Die seltsame Sophie
- erkundigt sich nach Mischa und Nits
- wirkt nach dem Schwimmen so normal, da sie nicht mehr schwarz geschminkt ist
- raue Stimme klingt in Nits' Ohren ungewohnt, weil sie sonst so still ist
- bemerkt Mischas zerbeulten Rucksack
- steht etwas außerhalb des Klassengeschehens

Mischa

beste Freunde

Nits

Die drei blonden Ls
- wollen mit Wohlfühl-Vibes das Klassenklima stärken
- empfinden Mitleid mit Mischa wegen seiner „Chlorallergie"

- Nits kontert Felix' Sprüche
- Mischa lässt sich auf Provokationen nicht ein und bleibt ruhig

- beleidigt Mischa und Nits
- will Mischa mit fiesen Sprüchen provozieren

Der fiese Felix

➲ Aufgabe 3

Das Schreiben wirkt zunächst echt, da in der oberen Ecke des Zettels eine Adresse und der Name der Praxis sowie der Name des Arztes zu finden sind, es fehlt jedoch ein Stempel der Arztpraxis. Die Unterschrift ist nicht lesbar, was das Schreiben paradoxerweise glaubhafter macht. Auffällig ist die merkwürdige Kombination der Spezialisierung von Allgemeinmedizin und Tropenkrankheiten. Die Worte im Schreiben sind für einen Arzt mit solch einer Spezialisierung sehr vage gewählt. Die sehr ungenauen Angaben wie „ungeklärt", „bis auf Weiteres", „in einigen Wochen" (S. 33, Z. 22–25) wirken verdächtig. Es sind keine medizinischen Fachbegriffe vorhanden, das Schreiben ist aber eloquent verfasst.

➲ Aufgabe 4

a) Mischa wirkt plötzlich sehr angespannt, obwohl die Frau sehr freundlich lächelt und auf die beiden Freunde zugeht. Sie möchte ein Gespräch beginnen, entscheidet sich aber im letzten Moment dagegen. Stattdessen wechselt ihr Blick zwischen den beiden Freunden. Mischa bleibt dabei regungslos und sagt nichts, was auf Nits fast unhöflich wirkt. Auch lässt sich aus Mischas Reaktion Angst erkennen. Die Frau entfernt sich wieder, was Mischa sehr zu erleichtern scheint. Die Situation wird zeitdehnend beschrieben; eigentlich dauert sie nur wenige Sekunden.

b) Individuelle Schülerlösungen

Kapitel 4: Kakadu

S. 15

Aufgabe 1

b) z. B. Sporteinkäufe und erfundene Ärzte

Aufgabe 2

Nits verwendet hier diese Form, weil es sich nicht um reale Ereignisse handelt, sondern um Möglichkeiten, die aber nicht verwirklicht wurden.

Aufgabe 3

a)

Zutreffende Eigenschaften	Nicht zutreffende Eigenschaften
Ole ist sportlich, weil er immer wieder neue Sportarten ausprobiert.	*Ole ist nicht sparsam, weil er sehr viel Geld für Sportsachen ausgibt.*
Ole ist pingelig, weil er übertrieben auf Sauberkeit bedacht ist.	*Ole ist nicht ausdauernd, weil er nie lange bei einer Sportart bleibt.*

b)

Handball • Handballschuhe: 80–200€ • Trikot und Hose: 50–150€ • Ball: 30–60€ • Knieschoner: 20–50€ **Insgesamt ca. 200–500€**	**Schwimmen** • Schwimmbrille: 20–80€ • Badeanzug/Badehose: 50–150€ • Bademütze: 5–20€ • Schwimmbrett: 10–30€ **Insgesamt ca. 100–300€**
Klettern • Kletterschuhe: 80–200€ • Klettergurt: 50–150€ • Seil: 100–300€ • Karabiner/Expressschlingen: 50–200€ **Insgesamt ca. 300–800€**	**Fußball** • Fußballschuhe: 80–300€ • Trikot/Hose/Stutzen: 50–200€ • Ball: 20–100€ • Schienbeinschoner: 20–50€ **Insgesamt ca. 200–600€**
Joggen • Laufschuhe: 100–200€ • Laufbekleidung: 50–150€ • Pulsuhren/Tracker: 50–400€ **Insgesamt ca. 200–700€**	**Turnen** • Turnanzug: 50–200€ • Turnschuhe: 50–150€ • Handgelenk-/Knöchelbandagen: 20–80€ **Insgesamt ca. 150–400€**
Eishockey • Schlittschuhe: 200–800€ • Komplette Schutzausrüstung: 300–1.000€ • Schläger: 50–300€ **Insgesamt ca. 600–2.000€**	
Gesamtsumme: ca. 1.500–5.500 €	

c) **Mindestlohn:** 12,41 € (Stand: 2024) **Durchschnittlicher Stundenlohn:** 24,77 € brutto

Die Schüler werden hier zu unterschiedlichen Ergebnissen kommen, je nachdem, welchen Betrag sie ansetzen. Auf jeden Fall wird herauskommen, dass für Oles Sportsachen sehr lange gearbeitet werden muss. Setzt man den Betrag von 5.500,– € an, muss ein Mindestlohnempfänger dafür mehr als drei Monate Vollzeit arbeiten.

d) Offensichtlich spielt in Nits' Familie Geld keine Rolle. Die Mutter wird als „Manager-Mutter“ (S. 46, Z. 12) bezeichnet; offensichtlich verdient sie gut.

➲ **Aufgabe 4**

Liebes Tagebuch,

ich habe heute herausgefunden, dass Mischa mir nicht die Wahrheit gesagt hat. Wir sind beste Freunde und er hat mich eiskalt über sein Attest angelogen. „Urwalddoktor“ – dass ich nicht lache! Warum hat er das getan? Ich wusste doch, dass diese Chlorallergie höchst verdächtig ist. Was ist in letzter Zeit nur los mit ihm? Erst Bassler anlügen und dann auch noch mich? Mischa meinte neulich zu mir, dass man nur aus Verzweiflung oder zum Selbstschutz lügen darf. Ich habe da ein übles Gefühl. Da stimmt etwas ganz und gar nicht. Morgen muss ich dringend mit Mischa reden ...

S. 18

Kapitel 5: Feuerwanze

➲ **Aufgabe 1**

b) z. B. Wahrheiten

➲ **Aufgabe 2**

Nits ist sich unsicher, wie er Mischa auf seine Lüge ansprechen soll. Er schwankt zwischen einer humorvollen und einer ernsten Herangehensweise. Als er Mischa vor dem Dönerkiosk konfrontieren will, fällt ihm auf, dass Mischa völlig niedergeschlagen, gestresst und verwirrt wirkt. Es bleibt keine Zeit, Nits' Fragen zu beantworten, weil Mischa in Eile ist und Amy in die Schule bringen muss. Eventuell möchte Nits auch die Lügengeschichte nicht im Beisein von Amy ansprechen.

➲ **Aufgabe 3**

b) Mischa und Nits starren wortlos auf den Boden und beobachten, wie die Feuerwanze über alle vier Schuhe der beiden klettert, anstatt daran vorbeizulaufen, was Nits sehr verwundert. Die Freunde schweigen weiter, bis Mischa erzählt, dass sein Vater seit zwei Nächten nicht heimgekehrt ist. Nits erkennt Überforderung und Angst in der Stimme und den Augen von Mischa. Er vergisst sein eigentliches Gesprächsanliegen. Aus Hilflosigkeit fragt er, ob Insekten eigentlich ehrgeizig sein können. Beide beobachten die Feuerwanze weiter und sprechen über intuitiven Kampfgeist und den Bergsteiger Reinhold Messner und übertragen die Situation damit auf menschliche Verhaltensweisen.

c) Durch die Feuerwanze sieht man, dass eine **Freundschaft mit Hindernissen** möglich ist. Die Feuerwanze spiegelt Ehrgeiz wider. Dieser ist bei Mischa und Nits zu finden, da beide an ihrer Freundschaft arbeiten. Nits möchte **hinter die Lügen und Geschichten von Mischa kommen**, weil ihm die Freundschaft so wichtig ist. Mischa hingegen **nimmt viele Hindernisse auf sich, um es allen recht zu machen**. Ebenfalls zeigt die Feuerwanze **intuitiven Kampfgeist** (S. 58), da sie instinktgesteuert den Schuh erklimmt, ohne zu wissen, was auf sie wartet. Diese Intuition zeigt sich auch bei den beiden Freunden. Das Stehenbleiben und Innehalten der Wanze nach dem Klettern könnte für die **Überforderung der beiden mit der Situation** stehen, aber auch als ein Innehalten in der Freundschaft gedeutet werden.

➲ Aufgabe 4

a) und b)

Stefanie Höfler könnte die „Feuerwanzen" für den Titel des Romans gewählt haben, da die Feuerwanze ein zentrales Symbol für die Freundschaft von Mischa und Nits ist (siehe Aufgabe 3c). Außerdem überwindet sie viele Hindernisse und steht so sinnbildlich für die beiden Protagonisten, die ebenfalls zahlreiche Hindernisse überwinden:

- Mischa, der die Herausforderungen der Armut, der zerbrochenen Familie und der unfreiwilligen Vaterrolle für Amy meistern muss.
- Mischa, der gegen seine Überzeugungen lügen muss, um eine Fassade aufrechtzuerhalten, der er nicht gerecht werden kann.
- Nits, der trotz aller sozialen Unterschiede die Freundschaft zu Mischa aufrechterhalten will.
- Nits, der die Lügen seines Freundes nicht einfach nur verurteilt, sondern hinter Mischas Fassade schauen will und die Gründe für Mischas Verhalten verstehen will.
- Beide, die das Hindernis des Helfens und Hilfeannehmens überwinden und ihre Freundschaft dadurch noch weiter vertiefen.

Anmerkung: Die Aufgaben 3 und 4 sind bewusst offen gehalten, um die Denkprozesse der Schülerinnen und Schüler nicht von vornherein in eine Richtung einzuengen. Eventuell kann es notwendig sein, Hinweise zu geben. Man könnte ihnen auch die einzelnen Lösungsvorschläge zur Diskussion vorlegen.

Kapitel 6: Mäuse

S. 20

➲ Aufgabe 1

b) z. B. Weltkontrast

➲ Aufgabe 2

a) Für Nits ist auf den ersten Blick erkennbar, dass Mischas „Welt" eine ganz andere ist als seine eigene.

b) **Reime, die Nits verwendet:**
- „ein altmodisches Festnetztelefon wie eine einsame Mondstation" (S. 64, Z. 7 f.)
- „»Abhauen statt hinschauen«" (S. 67, Z. 9)
- „Der Wasserhahn tropfte, mein Herz klopfte" (S. 67, Z. 21)
- „in diesem Loch, in dem es nach Schimmel und Urin roch" (S. 70, Z. 8 f.)

Schülerbeispiele von Sophia Nichol:
- „Blickt man hinter die Fassade – ja es ist sogar sehr schade"
- „Selbst wenn perfekt dir nicht gefällt – guck doch in diese Welt"
- „Diese grauenvollen Bedingungen – man sieht kaum Erinnerungen."

➲ Aufgabe 3

a) Individuelle Lösungen

b) Individuelle Lösungen

➲ Aufgabe 4

a) Individuelle Lösungen. Dabei wird es um den Zustand der Wohnung gehen, um Mischas Mutter und um das Verhältnis von Mischa und Nits.

b) Nits ist von der Situation überfordert. Außerdem will er seinen Freund vermutlich nicht in eine noch peinlichere Situation bringen.

c) **Schülerbeispiel:** So, jetzt habe ich was gesagt. Puh! Aber reicht das auch aus? Ich fühle mich hier so unwohl. Wie soll ich mich denn bloß verhalten? Ich wünschte, ich könnte von hier fliehen. Aber ich kann Mischa hier jetzt nicht allein lassen. Jetzt, wo ich drüber nachdenke: Wie dumm war bitte der Kommentar zum Wasserhahn?! Das war doch wirklich das Dümmste der Welt! Aber irgendwas musste ich doch sagen. Nur von all den Dingen, die ich hätte sagen können, ausgerechnet das Tropfen des Hahns? Ich kann doch meinen besten Freund in dieser Situation nicht bloßstellen. Vielleicht war es auch gut, so etwas Banales anzusprechen.

Bitte Amy, sag du doch was und rette die Situation mit einem deiner lustigen Amy-Sprüche oder einem Augenverdrehen oder einer deiner Albernheiten. Irgendwas! Hoffentlich merken die beiden mir nichts an.

Von Sophia Nichol und Carlotta Becker, bearbeitet

S. 23

Kapitel 7: Hummeln

➲ Aufgabe 1

b) z. B. Tiefkühlpommes und Matscherdbeeren

➲ Aufgabe 2

a) Mischa kritisiert die Tiefkühlpommes, die sein Vater zum Essen mitbringt, und beschwert sich darüber, dass es nichts Gesünderes zu essen gibt. Offenbar ist es ihm unangenehm vor Nits, dass ein solches Essen auf den Tisch kommt, während er bei Besuchen bei Nits deutlich hochwertigeres Essen bekommt. Mischas Anspruch an sich selbst und an das Essen, das ihm vom Vater zur Verfügung gestellt wird, klaffen auseinander. Dies zeigt seine Verletzlichkeit.

b) Bei Ihrer Recherche könnten die Schülerinnen und Schüler auf folgende Ergebnisse stoßen:

- „Materielle Ernährungsarmut liegt vor, wenn Menschen ihren Nahrungsmittelbedarf quantitativ nicht decken können und/oder die verfügbaren Lebensmittel ernährungsphysiologischen und hygienischen Standards nicht entsprechen."
- „Unter sozialer Ernährungsarmut versteht man, dass Betroffenen die Teilhabe an gemeinschaftlichen Zusammenkünften, die mit Mahlzeiten verbunden sind (beispielsweise Restaurantbesuche), nicht oder nur eingeschränkt möglich ist."
- „Ernährungsarmut kann zu gesundheitlichen Beeinträchtigungen beitragen, die ernährungsbedingt oder zumindest teilweise ernährungsbedingt sind. Die Unterversorgung mit Nährstoffen führt zunächst zu unspezifischen und diffusen Symptomen („hidden hunger") und langfristig zu diversen Krankheiten."
- „Von Ernährungsarmut Betroffene verzichten mitunter auf gesundheitsfördernde Lebensmittel, wie zum Beispiel Obst und Gemüse, die im Vergleich zu nährstoffarmen und energiedichten Lebensmitteln teuer sind."

Quelle: Stephanie Saleth, Stephanie Bundel, Romy Escher: *Armut als Ernährungsrisiko in Baden-Württemberg.* In: GesellschaftsReport BW Ausgabe 1-2024, S. 2. Zugriff unter: https://sozialministerium.baden-wuerttemberg.de/fileadmin/redaktion/m-sm/intern/downloads/Downloads_Familie/GesellschaftsReport_BW_1-2023_barrierefrei.pdf (letzter Aufruf: 08. 09. 2024).

➲ Aufgabe 3

a) Der Vater bezieht Nits in seine Geschichte ein, erzählt sehr anschaulich und dramatisch, lässt Pausen, um Spannung zu erzeugen, und seine Geschichte ist gespickt mit „wahnwitzigen" Begebenheiten. (S. 77)

b) Individuelle Schülerlösung. Der Vater ist beides. Geschichten sind immer fiktiv – wenn man aber Fiktives als Wahrheit ausgibt, ist es Lüge.

➲ Aufgabe 4

Individuelle Schülerlösung. Diese Aussage trifft nur auf eine bestimmte Art von Lügen zu.
Lügen, die dazu dienen, anderen zu schaden, gehören sicher nicht dazu.

Kapitel 8: Flughunde

S. 24

➲ Aufgabe 1

b) z. B. Heile Welt

➲ Aufgabe 2

a)

	Familie Götze	Familie Lemberg
Türschild	kleiner Papierstreifen mit abgekürzten Vornamen und Nachname	schön gestaltetes Fimo-Schild mit vollständigen Namen
Küche	• kleine Küche • kleiner Tisch mit drei Stühlen, Spülschrank, weißer Kühlschrank mit Fingerspuren, Kalender aus der Apotheke, alter Backofen • Bleistiftstriche am Türrahmen, die die Größe der Kinder angeben	• doppelt so groß wie Küche der Familie Götze • langer Esstisch mit sechs Stühlen • honigfarbener Holzboden, Fenster mit Steinsims, vier Blumentöpfe mit Gewürzen • zahlreiche volle Regale • hellblauer, überfüllter Vintage-Kühlschrank • Schalen mit Biomüll und Obst • Erdbeeren • Bleistiftstriche am Türrahmen, die die Größe der Kinder angeben
Lebensmittel und Kochen	• Gefrierpommes (Sonderangebot) • Ketchup und Mayonnaise • angegammelte Erdbeeren	• Zitroneneis • angegammelte Erdbeeren werden entsorgt • selbstgemachtes Chicken Tikka mit vierzehn Gewürzen (indisch)
Verhältnis von Eltern und Kindern	• Vater sehr locker • Mischa beklagt sich über ungesundes Essen • Mischa stellt Vater wegen seines Wegbleibens zur Rede	• Nits fragt Mutter um Rat • Mutter ist verständnisvoll und nimmt sich zurück

Verhältnis zwischen den Geschwistern	Mischa übernimmt die Elternrolle, schickt Amy zum Umziehen und sortiert ihr Erdbeeren heraus.	Ole verhält sich wie ein typischer älterer Bruder, teilweise nett, teilweise belehrend, etwas besserwisserisch.
Lügen	• Vater erzählt erfundene Geschichten über sein Wegbleiben; fälscht Attest, da sie kein Geld für die Badehose haben. • „»Lügen ist doch einfach nur träumen, wie es auch gewesen sein könnte.«“ (S. 80, Z. 20 f.)	• Mutter sagt, sie habe schon gelogen, aber noch nie eine Unterschrift gefälscht. • Ole rät dringend vom Unterschriftenfälschen ab.

b) **Gemeinsamkeiten:**
- jeweils zwei Kinder
- „Wachstumsstriche“ an Tür
- Die Eltern kümmern sich um das Essen.

Unterschiede:
- Ole ist einfach ein „großer Bruder“, während Mischa Verantwortung für seine Schwester übernimmt.
- Nits’ Verhältnis zu seiner Mutter ist ein typisches, vertrauensvolles Eltern-Kind-Verhältnis.
- Mischa hat gegenüber seinem Vater fast etwas wie eine Elternrolle.

Zusammengefasst: Bei Familie Götze herrscht Mangel, bei Familie Lemberg Überfluss an allem.

c) In beiden Kapiteln geht es, wie die Tabelle zeigt, um dieselben Themen. Deshalb kann man von „Spiegelbildern“ sprechen. Da die Unterschiede überwiegen, sind es allerdings „entgegengesetzte“ Spiegelbilder.

Kapitel 9: Fischreiher

S. 26

➲ **Aufgabe 1**

b) z. B. Kampf um die Ananas

➲ **Aufgabe 2**

a)
- liegt abseits, hat unscheinbaren Eingang (symbolische Abtrennung/Ausgrenzung der Betroffenen)
- man braucht eine Karte
- die Kunden sind bekannt
- für Leute, die kein Geld haben
- abgelaufene Lebensmittel, vom Supermarkt gespendet
- es gibt alles nur in begrenztem Umfang

b) Individuelle Schülerlösung

➲ **Aufgabe 3**

a) Mischa antwortet „wie aus der Pistole geschossen“ (S. 93, Z. 8), dass er nicht einkaufen gehen wolle, weil Nits heute da sei. Er will vermeiden, dass Nits ihn zur Tafel begleitet. Zwischen Mischa und Nits herrscht während des Einkaufs eine ungewohnte Stille. Mischa schaut Nits nicht an, als er ihm erklärt, was eine Tafel ist und wie der Einkauf dort über die Bezugskarte funktioniert. (S. 95) Mischa wirkt wie erstarrt und spricht mit kalter Stimme. Er kann sich vor Scham kaum rühren. (S. 96) Auf Nits' Auflockerungsversuche reagiert er nicht. (S. 97) Mischa wirkt hilflos und passiv beim Streit um die letzte Ananas. Er will auf keinen Fall von der seltsamen Sophie in der Nähe der Tafel gesehen werden. (S. 99)

b) **Die Definition trifft zu, weil:**
- „»Wir essen das, was die anderen wegwerfen«“ (S. 96, Z. 17 f.) – Bruch mit Ansprüchen und Werten
- „»Die Tafel ist kein normaler Laden«“ (S. 98, Z. 25 f.) – Abweichung von Normen
- „»Das ist das erste Mal, dass jemand mich hier sieht.«“ (S. 100, Z. 9 f.) – den eigenen Ansprüchen nicht gerecht werden
- Der Streit um die Ananas symbolisiert den Bruch mit dem geregelten und zivilisierten Zusammenleben und durch die Gewalt wird eine Grenze überschritten.

➲ **Aufgabe 4**

a)
- **Absolute Armut:** Das Einkommen liegt unterhalb des Existenzminimums. Die Grundbedürfnisse eines Menschen sind nicht gedeckt: Nahrung, Kleidung, Wohnung, medizinische Versorgung
- **Relative Armut:** Das Einkommen beträgt weniger als 60 Prozent des mittleren Einkommens des jeweiligen Landes.
- **Armutsgefährdungsquote:** Anteil der Bevölkerung, der von relativer Armut betroffen ist.

b)
- **Wie hoch ist die Armutsgefährdungsquote in Deutschland?** 16,9% (2021)
- **Welche Gruppen sind besonders armutsgefährdet?** Erwerbslose, Menschen mit niedrigem Bildungsstand, Alleinerziehende
- **Wie wirkt sich die Inflation auf arme Menschen aus?** Arme Menschen sind von der Inflation normalerweise überdurchschnittlich betroffen, da sich gerade billige Produkte stark verteuern.

Aufgabe 5

- den Riss in Mischas Lederjacke
- dass Mischa der Einzige ohne Smartphone in der Klasse ist
- das falsche Verständnis der Klasse über Armut während Sophies Vortrag
- die böswilligen Provokationen von Felix gegenüber Mischa

Aufgabe 6

a) Mischas Reaktion kann verschieden erklärt werden. Mögliche Gründe sind Scham oder aber Stolz und Selbstachtung, die Nits' Angebot unmöglich machen. Eventuell will Mischa die Freundschaft auch nicht noch einer weiteren Probe unterziehen. Eine weitere Abhängigkeit – vor allem von seinem besten Freund – will er nicht eingehen.

b) Individuelle Schülerlösungen. Möglich wäre es zum Beispiel, das Geld nicht einfach zu geben, sondern gegen eine andere Leistung (z.B. Mathenachhilfe von Mischa für Nits) zu tauschen. Somit würde Mischa das Geld würdevoll annehmen können, ohne eine Abhängigkeit zu spüren.

S. 29

Kapitel 10: Stinkwanzen

Aufgabe 1

b) z. B. Affentheater

Aufgabe 2

a) Sophie denkt wahrscheinlich an die Begegnung vor dem Tafelladen. Sie weiß, dass Mischa arm ist und ärgert sich über Felix.

b) Sophie sagt vermutlich, dass Nits Mischa Zeit geben solle, sich zu beruhigen. Es sei für ihn eine ziemlich schwierige Situation. Wahrscheinlich schäme sich Mischa, dass er arm sei, obwohl es dafür überhaupt keinen Grund gebe. Nits stimmt ihr wahrscheinlich zu und erzählt, dass er Mischa ohne nachzudenken Geld angeboten habe. Als er äußert, dass er wünschte, er hätte nie von Mischas Armut erfahren, erklärt Sophie ihm, dass das auch nicht gut gewesen wäre. Dass es zu einer echten Freundschaft gehöre, auch von den Schwächen zu wissen.

c) Wenn Nits nichts von Mischas Welt erfahren hätte, wäre alles geblieben wie bisher. Für Nits wäre das einfacher gewesen. Mischa wäre aber weiterhin zum Versteckspiel gezwungen gewesen und hätte nicht mit Nits über seine wirklichen Sorgen reden können. Die Freundschaft wäre oberflächlicher geblieben.

Aufgabe 3

a) **Hinweise:** Es sollte deutlich werden, wie schwer es Mischa fällt, sein Geheimnis zu offenbaren. Nits' Gedanken werden im Text erwähnt. Hier ist darauf zu achten, dass Gesagtes und Gedachtes richtig auf die „Personen" verteilt wird.

b) Der Zoo ist der richtige Ort für eine Aussprache, weil Tiere bzw. die Erforschung von Tieren in Mischas Lügengebäude eine wichtige Rolle spielen. Mischas Vater hat seinen Kindern – und dann auch Nits – sozusagen ein „Affentheater" vorgespielt. Gleichzeitig symbolisiert die Frau mit dem Kinderwagen, dass es das Gegenstück zu Mischas Erfahrungswelt gibt: eine intakte Mutter-Kind-Beziehung.

Kapitel 11: Meisen

S. 31

➲ Aufgabe 1

b) z. B. Schwierige Gespräche

➲ Aufgabe 2

- **Kapitel 1:** „Was für ein toller Dad! Der ist überhaupt nicht spießig und kann so viele coole Sachen. Der macht einfach so sein Ding, klasse!“
- **Kapitel 11:** „Wenn ich mir vorstelle, dass ich nie wüsste, was bei diesem Vater als Nächstes passiert, und mir ständig Sorgen machen müsste, wie es weitergeht, bekomme ich echte Beklemmung. Wie schafft Mischa das nur alles?“
- **Eigene Vorstellung:** Individuelle Lösung

➲ Aufgabe 3

a) **Für Nits ist schwierig …** seine innere Wut zu zügeln, zuzuhören und Mischa zu verzeihen.
Für Mischa ist schwierig … sein Herz auszuschütten und Nits alles zu sagen.

b) Nits’ Weltbild gerät ins Wanken, da sein Verständnis der Freundschaft zwischen ihm und Mischa neu organisiert werden muss. Dinge, die für ihn als gesichert galten, gelten nicht mehr, und dies hat auch einen Einfluss auf Nits’ Selbstbild. Eine Gemeinsamkeit zwischen den beiden Freunden ergibt sich hier im Empfinden von Scham. Da Nits sich nun auch schämt, schweigt er, anstatt Mischa mit Vorwürfen zu konfrontieren. Ihm ist hier eine Perspektivübernahme gelungen.

➲ Aufgabe 4

a) Individuelle Antworten

b) Mischa schämt sich für
- seinen Vater
- ihre Wohnung
- seine Armut
- die verschwundene Mutter

c) Die Meise hat trotz ihrer Mutation, die zunächst wie ein Makel erscheint und durch die sie auffällt, die gleiche Flugfähigkeit wie alle Meisen. Dies lässt sich auch auf Mischa hinsichtlich seiner Fähigkeiten und Fertigkeiten anwenden, auf die seine Armut keinen Einfluss hat.

d)

S. 33

Kapitel 12: Karpfen

➲ Aufgabe 1

b) z. B. Nachmittag im Park

➲ Aufgabe 2

Als Elemente, die möglicherweise noch wichtig werden könnten, können Mischas neue Jacke, die Badehose oder die Turnschuhe genannt werden, aber auch Gregors Kiosk oder die zwielichtige Gestalt, mit der sich Mischas Vater trifft.

S. 34

Kapitel 13: Tausendfüßler

➲ Aufgabe 1

b) z. B. Bedrohliche Lederjacken

➲ Aufgabe 2

Die Schülerinnen und Schüler können hier annehmen, dass Mischas Vater in die Fänge Krimineller geraten ist. Dies wird auch buchstäblich durch die physische Gewalt des Schwitzkastens erzählt. Auch das Auftreten der Männer und ihre Kleidung bauen eine Drohkulisse auf.

➲ Aufgabe 3

a) Den beiden Freunden ist bewusst, dass Frau Heizmann mit ihren „Röntgenaugen" ihren Beruf beim Jugendamt sehr genau nimmt und auch akribisch auf Missstände achtet. Sollte sie sehen, dass Mischas Vater in eine gewalttätige Auseinandersetzung mit möglicherweise Kriminellen verwickelt ist, könnte dies schlimme Folgen für das Sorgerecht und damit für Mischa und Amy haben. Diese wollen Mischa und Nits unbedingt abwenden.

b) Individuelle Schülerleistung, genannt werden vermutlich v. a. physische Gewalt und extreme Verwahrlosung.

c) **Definition**
- Körper- sowie Gesundheitsverletzungen körperlicher und psychischer Art
- Vernachlässigung der Kinder durch die Eltern
- Fehler der Eltern in Bezug auf die schulische Laufbahn und die Ausbildung

Beurteilung
Dass der Vater die minderjährigen Kinder nachts alleingelassen hat, ist sicher problematisch. Die ungesunde Ernährung und auch die schwierige Wohnsituation erfüllen das Merkmal der Kindeswohlgefährdung jedoch nicht. Gewalt liegt nicht vor.

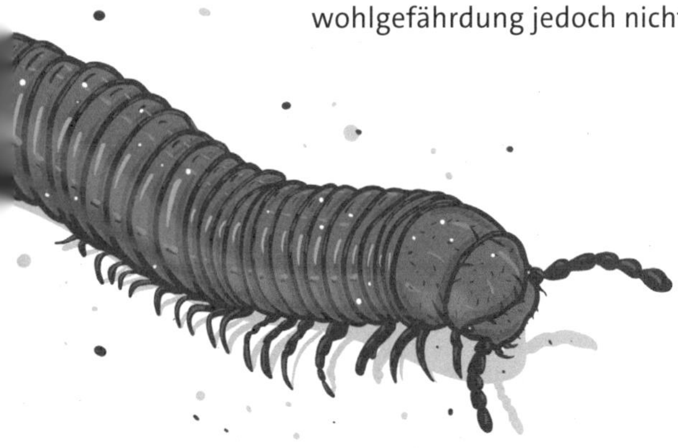

Kapitel 14: Fliegen

S. 35

➲ Aufgabe 1

b) z. B. Schwierige Gespräche

➲ Aufgabe 2

a) Die Turnschuhe sind hier ein Katalysator für weitergehende Gedankengänge über den Wert von Besitz und Wohlstand im Allgemeinen. Auch schätzt Nits in diesem Zusammenhang eine intakte Familie und ein behütetes Heim mit eigenem Zimmer. Den Hundert-Euro-Schein, mit dem die Mutter die neuen Turnschuhe für Nits kauft, kann dieser nun ins Verhältnis zum Einkauf in der Tafel setzen und den tatsächlichen Wert des Geldes bemessen. (S. 140/141)

b) Nits hat verstanden, dass der Vater aus eigener Arbeitskraft so viel Geld nicht hat aufbringen können. Er vermutet wahrscheinlich, dass Mischas Vater dafür „krumme Dinger“ gedreht hat.

➲ Aufgabe 3

a) Mischa muss ein lang gehütetes Geheimnis und zugleich das Lügenkonstrukt seines Vaters aufbrechen und seiner Schwester die Wahrheit über die Mutter offenbaren. Das Vertrauen zwischen den Geschwistern wird auf eine harte Probe gestellt. Dabei muss Mischa gleichzeitig das Bild vom Vater wahren und Amy in das Verschwinden des Vaters einweihen. Dies macht die Situation für Amy gleich doppelt belastend. Dies ist dem großen Bruder bewusst. Anders als sein Vater wählt er nicht den Weg von Geschichten und Ausreden, sondern die schonungslose Wahrheit. Mischa hat zuvor keine Ahnung, wie Amys Reaktion auf die Wahrheit ausfallen wird, was die Situation noch unberechenbarer für ihn macht.

b) Die Schülerinnen und Schüler könnten diese Aufgabe als unfair empfinden, da Mischa selbst noch ein Kind ist und hier die Aufgabe eines Erwachsenen übernimmt.
Darüber hinaus muss er das Lügenkonstrukt des Vaters aufbrechen und Amys Reaktionen auffangen, während der Vater sich dieser Konfrontation entzieht.
Andererseits könnten sie Mischa auch als genau richtig für diese Aufgabe einschätzen, weil er ohnehin als sicherer Anker für Amy da ist.

➲ Aufgabe 4

a) **a.** Die schonungslose Wahrheit direkt aussprechen.
b. Die Sprachblockade aufbrechen und alles im Zusammenhang erzählen.
c. Die Spannung, die sich aus Mischas Offenbarungen zwischen Amy und Mischa aufgebaut hat, beobachten und aufgeregt abwarten, was als Nächstes passiert.

b) In dem Kapitel finden sich zahlreiche Bilder und Vergleiche, z. B.:

- „Gekrümmt wie ein Fragezeichen stand Mischa in der Wohnungstür, sein weißes Hemd verknittert, seine Augen dunkel“ (S. 142, Z. 1–3): Dies zeigt Mischas belastende Situation, an der er fast zerbricht.
- Mischa „hielt Amy seine Handflächen hin wie ein Fußballer, der gerade das entscheidende Tor geschossen hat.“ (S. 148, Z. 16 f.): Dies zeigt die Zuversicht, die Mischa seiner Schwester geben will.
- „[Z]wei Lederjacken, eine schwarz, eine lila, die im Abendlicht schimmerten, wie frisch polierte Fischschuppen.“ (S. 149, Z. 4–6): Dies zeigt die Härte und Gefahr der Kriminellen.
- „Wie Wachsfiguren standen wir sekundenlang da [...].“ (S. 149, Z. 11): Dies zeigt die Starre der Figuren in dieser Situation.
- Die sprachlichen Bilder intensivieren die Darstellung und machen sie für den Leser besser nachvollzieh- und erlebbar.

S. 37

Kapitel 15: Hunde

➲ Aufgabe 1

b) z. B. Elterngespräche

➲ Aufgabe 2

a) z. B.: kontrolliert, verlässlich, planvolles Vorgehen, Vorbildcharakter

b) Individuelle Lösung.

Hinweis: An dieser Stelle könnten die Schülerinnen und Schüler auch eigene Punkte nennen und diskutieren.

c) Auf Nits' Eltern treffen sehr viele der genannten Punkte zu, z. B. dass sie viel für ihr Kind machen, fair sind, absolut verlässlich sind und ihrem Kind materielle Sicherheit geben.

Auf den Vater von Mischa und Amy treffen die Punkte allenfalls mit Abstrichen zu, z. B. die gute Laune.

d) Nits Eltern sind „elternmäßig" und erfüllen offensichtlich viele Kriterien für „gute Eltern". Der Vater von Mischa und Amy ist, obwohl nicht so „elternmäßig", im Rahmen seiner Möglichkeiten ebenfalls ein guter Vater. Er liebt seine Kinder bedingungslos und tut alles für sie. Dass er auf die schiefe Bahn gerät, ist dem Wunsch geschuldet, seinen Kindern ein materiell besseres Leben zu ermöglichen.

➲ Aufgabe 3

Dies könnte ein Hinweis darauf sein, dass Gregor etwas über sein Verschwinden wissen könnte.

S. 39

Kapitel 16: Kellerasseln

➲ Aufgabe 1

b) z. B. Ungelöste Probleme

➲ Aufgabe 2

a) Es wäre zu gefährlich für Mischa und Amy, in ihre eigene Wohnung zurückzukehren.

b) Den Eltern ist sofort klar, dass es Gründe für den unerwarteten Besuch geben muss.
Sie beherrschen sich aber und stellen keine Fragen. Das könnte z. B. so formuliert werden:

Mutter: Ruhig bleiben, Ajala, nichts fragen. Nicht jetzt. Später ...

Vater: Was jetzt wohl wieder passiert ist? Der Vater ist schon ein Vogel.

➲ Aufgabe 3

Vermutlich wird die Klasse diskutieren, ob Nits' Eltern eingeweiht werden sollen. Dabei wird auch die Rolle des Jugendamts zur Sprache kommen.

Kapitel 17: Krähen

S. 40

➲ Aufgabe 1

b) z. B. eBay-Verkäufe

➲ Aufgabe 2

a) Bassler wird im Roman als eher autoritärer und allwissender Lehrertyp dargestellt. Dafür gibt es zahlreiche Belege. Sein Spitzname ist „bissige[r] Bassler“ (S. 11, Z. 21). Das einzig Menschliche an ihm scheint zu sein, dass er sich bei Aufregung in kreisenden Bewegungen die Glatze reibt. Das verleiht ihm laut Nits „minimale Menschlichkeit“ (S. 11, Z. 21). Wenn Schüler wie Nits ihn nerven, lässt er sie „zur Strafe vorrechnen“ (S. 11, Z. 28). Wenn Schüler ihn ansprechen, reagiert er ungeduldig (S. 20 f.).

b) Er sorgt dafür, dass die Frau vom Jugendamt Mischa nicht begegnet, und lügt sie an. Da er bisher als eher unsympathisch geschildert wird, überrascht dieses Verhalten.

➲ Aufgabe 3

a) Nits' Vater hat Mischa aus einer peinlichen Situation geholfen, ohne daraus eine große Sache zu machen. Außerdem hat er ihn nicht bevormundet, sondern ihm etwas zur Verfügung gestellt, mit dem er sich selbst helfen konnte. Eine Rolle spielt möglicherweise auch, dass der materielle Wert einer Sicherheitsnadel sehr gering ist.

b)

„Geldangebot“ (S. 104)	**„Essenseinladung“** (S. 155 f.)	**„Hilfsangebot“** (S. 157)
Das Taschengeldangebot von Nits für eine Lektüre, das Mischa mit den Worten „»Spinnst du?«“ ablehnt. (S. 104, Z. 14)	Nits' Mutter hat Mischa und Amy regelmäßig zum Mittagessen eingeladen. Als sie sie nach ihrer Mutter fragt, kommen sie nicht mehr. (S. 156)	Nits' Vater hat Mischas Vater einmal gefragt, ob er Hilfe brauche, als Amy bei einem Sommerfest die Hose voll hatte. Daraufhin hat dieser „gefaucht“, ob er aussähe, er käme nicht klar. (S. 157, Z. 8)

c) **Mögliche Regeln für richtiges Helfen:**
- Hilf, ohne zu beschämen!
- Leiste Hilfe zur Selbsthilfe!
- Hilf so, dass der andere nicht das Gefühl hat, dass du ihn für unfähig hältst!
- Hilf nicht ungefragt!

➲ Aufgabe 4

Individuelle Lösungen. Die Schülerinnen und Schüler können den inneren Monolog an verschiedenen Stellen des Kapitels verorten. Es sollte aber auf jeden Fall deutlich werden, dass Mischa hin- und hergerissen ist. Er ist überwältigt von der Menge der Sportsachen. Im Prinzip hält er die Verkaufsaktion für falsch und ist der Meinung, dass sie Ole betrügen. Außerdem lässt er sich ungern helfen und würde es lieber allein schaffen. Zugleich ist ihm klar, dass er es nicht allein schaffen kann und dieser Verkauf die einzige Chance ist, das Problem zu lösen.

S. 43

Kapitel 18: Dönertier

➲ Aufgabe 1

b) z. B. Bassler und andere Überraschungen

➲ Aufgabe 2

Nits' Vater wird bewusst, dass der Ausspruch in diesem Zusammenhang unpassend ist, weil Amy hungrig ist und kein Konzept vom Ausspruch des Vaters hat. In den Mahlzeiten, die sie von daheim kennt, geht es stets um die reine Nahrungsaufnahme und nicht um die Ästhetik des Essens.

➲ Aufgabe 3

Individuelle Antworten; vermutlich werden Zuhören, Empathie und konkrete Unterstützung als hilfreich erlebt, während besserwisserische Ratschläge und Schuldzuweisungen als negativ erlebt werden.

➲ Aufgabe 4

Bassler könnte gegenüber Nits harscher reagieren und sich nicht auf dessen Argumentation einlassen. Im zweiten Teil des Gesprächs könnte er auf das gefälschte Attest mit Unverständnis und Strafen reagieren.

➲ Aufgabe 5

a) Individuelle Lösungen. Vermutlich werden vor allem zwischenmenschliche Fähigkeiten wie Freundlichkeit, Geduld, Verständnis und Offenheit genannt, außerdem die Fähigkeit, den Unterricht abwechslungsreich und interessant zu gestalten und gut zu erklären.

b) Individuelle Lösungen. Bassler wird zu Beginn des Romans eher negativ dargestellt und von den Schülerinnen und Schülern vermutlich auch so bewertet. Sein Verhalten in diesem Kapitel ist wahrscheinlich für sie ähnlich überraschend wie für Nits und Mischa und wird daher eher positiv bewertet. Kritisch sehen könnte man, dass Bassler hier zwar sehr schülerfreundlich handelt, sich aber trotzdem nicht wirklich freundlich gibt.

S. 45

Kapitel 19: Vatertiere

➲ Aufgabe 1

b) z. B. In der Dönerbude

➲ Aufgabe 2

Die Gedanken Frau Heizmanns sollten widerspiegeln, dass sie nicht so leicht auf die Lügengeschichten des Vaters hereinfällt. Insbesondere die neue Festnetznummer und die kaputte Klingel rufen mit hoher Wahrscheinlichkeit Misstrauen und Ungläubigkeit hervor.

Hinsichtlich der Wahrheit, die von Mischa schlussendlich offengelegt wird, reagiert Frau Heizmann wahrscheinlich mit Erstaunen. Ebenso könnte sie den Vater für sein Verschwinden verurteilen. Gleichzeitig könnten sich ihre Gedanken abwägend und abwartend gestalten, da sie die Komplexität der Situation noch nicht ganz durchdrungen hat.

➲ Aufgabe 3

Inhaltlich geht es in ihren Notizen um das Attest, das gefälscht wurde, um eine finanzielle Notlage zu überspielen, die Verwicklungen des Vaters in kriminelle Geschäfte und sein mehrtägiges Verschwinden.

Die Herausforderung besteht darin, aus der ausführlichen Erzählung aus personaler Sicht eine sachliche Notiz zu machen. Dabei ist darauf zu achten, dass die Ereignisse in ihrer zeitlichen Abfolge wiedergegeben werden. Eine besondere Herausforderung für Schülerinnen und Schüler besteht erfahrungsgemäß darin, nicht „spannend" zu erzählen.

Kapitel 20: Amsel

S. 46

➲ Aufgabe 1

b) z. B. Reset?

➲ Aufgabe 2

a) Individuelle Lösungen. Es sollte deutlich werden, dass Nits fürchtet, dass Mischa sich wieder – wie damals bei seinem Badehosen-Angebot – beschämt fühlen könnte.

b) Mischa fühlt sich offenbar nicht (mehr) beschämt. Wahrscheinlich liegt es daran, dass Mischa selbstbewusster geworden ist. Vielleicht ist ihm bewusst geworden, dass er nicht schuld ist an seiner Situation, sondern das Beste daraus macht, und dass er sich auch für seinen Vater nicht schämen muss.

➲ Aufgabe 3

In gewisser Weise ist ein Neuanfang für Mischa möglich. Dieser besteht vor allem darin, dass er sich nicht mehr vor seinem besten Freund und dessen Familie verstecken muss und dass in seiner Familie nun alle offen und ehrlich miteinander umgehen. Allerdings sind am Ende des Romans keineswegs alle Probleme gelöst: Mischas Familie ist immer noch arm und wird auch in Zukunft mit materiellen Problemen zu kämpfen haben. Ein vollständiger Reset ist es also auf keinen Fall.

Kapitel 21: Stirnlappenbasilisken

S. 47

➲ Aufgabe 1

b) z. B. Reset!

➲ Aufgabe 2

Zu erwarten ist, dass Mischa und sein Vater aufgeregt sind, da solche privaten Einblicke in ihr Wohnumfeld bisher nur durch Frau Heizmann und Nits vorkamen. Mischa könnte wieder Scham empfinden, da die Wohnung so leer ist. Gleichzeitig könnte die Familie Götze mit Stolz erfüllt sein, da die Wohnung sauber ist und der Besuch durch Nits und seine Familie eine neue Normalität aufkommen lässt. Die gekaufte Ananas könnte eine neue, gesunde Ernährungsweise anbahnen und die Gelassenheit Amys auch auf Mischa und seinen Vater überspringen.

➲ Aufgabe 3

Für „Reset" spricht:
Mischa und sein Vater müssen nicht mehr lügen. Mischas Vater findet sich besser in seiner Rolle als fürsorglicher Vater zurecht und kann einer geregelten Arbeit nachgehen, ohne in kriminelle Machenschaften zu geraten. Die Familie hat gelernt, Hilfe zur Selbsthilfe anzunehmen. Mischa und Amy können wieder geregelt zur Schule gehen und mit neuen Materialien ihren Bildungsweg erfolgreich angehen. Familie Lemberg unterstützt Familie Götze, ohne dass diese Scham empfinden muss. Vielmehr kann die Familie nun offener mit ihrem Schicksal umgehen.

Gegen „Reset" spricht:
Die Armut von Familie Götze wird nicht plötzlich verschwinden. Es besteht weiterhin das Problem des alleinerziehenden Vaters mit diversen Belastungsfaktoren, welche die Ausgangsbedingungen der Familie verschlechtern. Auch hinsichtlich der Wohnsituation besteht weiterhin eine soziale Segregation, welche nur schwer zu überwinden sein wird. Desweiteren wird Mischas Vater weiterhin unter Kontrolle des Jugendamtes stehen, was auch durch die lockere Art Frau Heizmanns nicht zu verhindern sein wird. Ob Figuren wie der fiese Felix in Zukunft verständnisvoller mit Mischas Situation umgehen werden, bleibt fraglich.

Nach dem Lesen

S. 48

Freundschaft

➲ Aufgabe 1

Freundschaft ist z. B.

- das unsichtbare Band, das Herzen über jede Entfernung hinweg verbindet.
- die Melodie, die auch im Schweigen weiterklingt.
- eine wunderschöne Erfahrung, die jede Grenze überwindet.
- ein sicherer Hafen, in dem die Seele zur Ruhe kommt.

➲ Aufgabe 2: Freundschaft in der Krise

Zu Krisen in einer Freundschaft führen z. B.:

- Lügen und Unehrlichkeit
- missbrauchtes Vertrauen, z. B. wenn etwas weitererzählt wird
- Eifersucht, z. B. wenn eine/r zu viel Zeit mit anderen verbringt und sich der/die andere vernachlässigt oder ausgegrenzt fühlt

Lösungsansätze für Krisen:

- offen miteinander sprechen und zuhören, Gefühle gegenseitig erklären
- Entschuldigungen anbieten, Einsicht zeigen
- Gefühle respektieren und die Perspektive des anderen einnehmen
- gemeinsam Lösungen finden und wieder gemeinsam Zeit füreinander finden, z. B. bei schönen gemeinsamen Erlebnissen
- Erwachsene um Hilfe bitten, zum Beispiel beim Schlichten

➲ Aufgabe 3

a) und b) Individuelle Lösungen

S. 49

Wortmusik

➲ Aufgabe 1

Individuelle Lösungen

➲ Aufgabe 2

Einerseits könnte Nits als liebenswürdig-witzig und etwas schräg wahrgenommen werden, andererseits könnte er seine Mitmenschen damit auch nerven und Befremdung bei seiner Klasse auslösen. Seine kunstvolle Art, mit Wörtern und Sätzen in dieser Weise umzugehen und zu „slammen“, kann aber auch als Gabe und seltene Fähigkeit wahrgenommen werden.

➲ Aufgabe 3

Individuelle Lösungen

➲ Aufgabe 4

Individuelle Lösungen

Tiere, Tiere, Tiere ...

S. 50

➲ Aufgabe 1

Individuelle Lösungen, z. B.

Kap. 1 Enten:

- Die Enten, die nicht losfliegen, könnten ein Hinweis darauf sein, dass in dem Roman das „Fliegen" nicht wie geplant klappt.
- Mischa wird in dem Kapitel wie die „Enten" durch die Ankündigung des Schwimmunterrichts ähnlich erschreckt wie die Enten und schafft es nicht, „loszufliegen".

Kap. 2 Paviane:

- In diesem Kapitel geht es um verschiedene Formen des Lügens. Paviane lügen, um sich einen Vorteil zu verschaffen, während Mischa nur „im Notfall" lügt.

➲ Aufgabe 2

Im Kapitel 18 kommt das „Dönertier" vor. In diesem Kapitel finden die Kinder Mischas Vater wieder, es ist also der Beginn der Lösung.

Rezension

S. 51

➲ Aufgabe 1

Individuelle Lösung. Zu erwarten wären Werte wie Freundschaft und Ehrlichkeit. Ebenso könnte darauf eingegangen werden, wie wichtig es ist, Menschen nicht aufgrund ihrer Armut auszugrenzen bzw. Kindern aus armen Verhältnissen eine faire Teilhabe zu ermöglichen.

➲ Aufgabe 2

a) Rezensionen gibt es z. B. bei www.perlentaucher.de, www.buecher.de, www.jugendbuchtipps.de.

Die Rezensionen sind überwiegend positiv. Gelobt werden der einfühlsame und glaubwürdige Umgang mit den schwierigen Themen Armut und Scham, die Zeichnung der Hauptfiguren sowie die sprachliche Gestaltung. Vereinzelt wird das Romanende als vereinfachend kritisiert.

b) Individuelle Lösungen

Steckbrief

S. 52

Alter: 1978 in Leonberg geboren

Ausbildung und Beruf: Studium der Germanistik, Anglistik und Skandinavistik in Freiburg und Dundee; Lehrerin und Theaterpädagogin an einem Gymnasium im Schwarzwald, seit 2015 Autorin.

Werke:

- *Mein Sommer mit Mucks*
- *Tanz der Tiefseequalle*
- *Der große schwarze Vogel*
- *Helsin Apelsin und der Spinner*
- *Waldtage!*
- *Feuerwanzen lügen nicht*

Würdigungen und Preise: viermal Nominierung für den deutschen Jugendliteraturpreis; zahlreiche weitere Würdigungen und Preise

Ein Satz zum Abschied

Individuelle Lösungen, z. B.

- Wahre Freunde bewahren wichtige Wahrheiten.
- Feuerwanzen lügen nicht – Freunde verurteilen nicht.
- Lügen lädieren Lebensfreundschaften, Wahrheit wirkt Wunder.
- Fabelhafte Freundschaften sind klasse, auch bei klammer Kasse.

LÖSUNGEN ZU DEN ARBEITSBLÄTTERN IM DOWNLOADBEREICH

Die Arbeitsblätter als farbige Kopiervorlage **ohne Lösungen** befinden sich im Downloadbereich. Die Zugangsdaten finden Sie vorn auf der Innenseite des Umschlages.

Die Illustrationen des Lesebegleiters befinden sich im Downloadbereich. Diese können Sie zur Unterrichtsarbeit und für Tafelbilder nutzen.

Hinweise zu den Arbeitsblättern

Ergänzend zu den Aufgaben des Lesebegleiters enthält dieses Lehrerheft Hinweise und weitere Arbeitsblätter, die an verschiedenen Stellen zur Vertiefung eingesetzt werden können.

Zur besseren Übersicht sind die Lösungen zu den Aufgaben der Arbeitsblätter im Lehrerheft für Sie bereits enthalten und grau hinterlegt.

AB 1 und AB 2: Arbeitsblätter zu Reportagen zum Thema „Armut“

Die Reportagen „Kinderarmut“ und „Leben im Plattenbau“ ermöglichen eine vertiefte Beschäftigung mit dem Thema Armut in Deutschland.

Die 30-minütige STRG_F-Reportage „Kinderarmut“ zeigt verschiedene von Armut betroffene Kinder und Jugendliche und gibt einen realistischen Einblick in das Leben von Kindern wie Amy und Mischa. Sie ist damit sehr eng an der Thematik des Romans und weist viele Parallelen zum Roman auf.

Die 45-minütige NDR-Doku „Leben im Hochhaus“ geht etwas über den Roman hinaus. Hier geht es nicht nur um Armut, sondern auch und vor allem um soziale Segregation, ein Thema, das in *Feuerwanzen lügen nicht* kaum thematisiert wird. Die Reportage eignet sich damit gut zur weiteren Vertiefung.

AB 3: Schreibprojekt: Die Geschichte aus Mischas Sicht

Wer mit der Klasse ein größeres Schreibprojekt durchführen möchte, kann arbeitsteilig den gesamten Roman aus Mischas Perspektive erzählen.

AB 4: Schreibprojekt: »What if …?« (Konjunktiv II)

Ältere Schülerinnen und Schüler sind vom Schluss des Romans bisweilen enttäuscht – er erscheint ihnen zu glatt, zu wohlgefällig, zu unrealistisch. Warum nicht, wenn solche Stimmen laut werden, über einen alternativen Schluss nachdenken und einen solchen schreiben?

Doch auch wenn keine Kritik am Schluss laut wird, lohnt es sich, über mögliche Alternativen nachzudenken. Außerdem bietet sich die Gelegenheit, den Konjunktiv II einzuführen oder zu wiederholen.

AB 5: Poetry Slam

Im Rahmen eines größeren Unterrichtsprojektes oder von Projekttagen kann man mit den Jugendlichen auch einen eigenen Poetry Slam durchführen. Viele Poetry Slams bieten Weiterbildungen für Lehrkräfte oder Workshops in Schulen an.

AB 6: Nacherzählung aus veränderter Perspektive

Übersichtsblatt, z. B. zur Vorbereitung einer Klassenarbeit.

AB 7: Rezension

Übersichtsblatt, das als Ergänzung zum Lesebegleiter S. 51 eingesetzt werden kann.

AB 1

REPORTAGE

Kinderarmut

kugverlag.de/ytkoc

Aufgabe 1

a) Schaue den Film **Leben in Armut: Was das mit jungen Menschen macht** von **STRG_F** auf YouTube an. Notiere, welche Personen dort gezeigt werden und beschreibe sie kurz.

- *Mariam aus Berlin (19 Jahre): Sie ist schon ihr ganzes Leben von Armut betroffen.*
- *Kaushik aus Hamburg: Er engagiert sich beim Verein „Arbeiterkind", der sich für Chancengleichheit zur sozialen Teilhabe einsetzt.*
- *Manda und Max (14 Jahre) aus Norddeutschland: Manda ist alleinerziehend und das Geld reicht für beide kaum.*
- *Neco aus Berlin: Er arbeitet als Sozialarbeiter an Schulen mit Kindern, die in Armut leben.*

b) Arbeite heraus, unter welchen Bedingungen die gezeigten Personen leben und welche Herausforderungen sie im Alltag meistern müssen.

Beispiele: Mariam muss sich mit Minijobs durchschlagen und verdient damit kaum Geld. Sie muss Teile ihres Besitzes regelmäßig verkaufen. Ihre Eltern können sie nicht unterstützen. Manda und Max müssen beim Einkauf sehr auf die Preise achten und damit ihre Ernährungsweise einschränken, der Einkauf darf max. 10 € kosten; beide schämen sich, ihre Wohnung zu zeigen. Zu Weihnachten können Wünsche nicht erfüllt werden.

c) Stelle dar, welche Lösungsansätze zur Bekämpfung von Kinderarmut im Film genannt werden.

- *Kinderarmut muss an der Wurzel bekämpft und eine „Weitervererbung" über Generationen verhindert werden.*
- *Stärkung von Bildungsangeboten*
- *Kindergrundsicherung/Kinderzuschlag*
- *Vereine wie „Arbeiterkind"*
- *Stärkung von Kindern und Jugendlichen durch soziale Angebote (Bildungs- und Teilhabepaket)*

d) Beschreibe, welche Person dich ganz besonders beeindruckt hat. Begründe.

Individuelle Schülerlösung

Aufgabe 2

a) Untersuche, welche der im Film angesprochenen Probleme im Roman *Feuerwanzen lügen nicht* angesprochen werden.

Scham, die eigene Wohnung zu zeigen, Abstriche bei der Ernährung (TK-Pizza), Bücher und Bildung als Ausweg (Mariam), Verschleiß der Badehose (Kaushik), soziale Segregation, alleinerziehende Eltern, Mehrfachjobs und trotzdem keine Besserung (Leistung ergibt nicht automatisch Wohlstand)

b) Beurteile, inwieweit Armut und deren Bekämpfung im Roman realistisch dargestellt sind.

Auf Basis der oben gezeigten Parallelen sollten die Schülerinnen und Schüler zu dem Ergebnis kommen, dass Armut im Roman durchaus realistisch dargestellt und am Alltag vieler Betroffener ausgerichtet ist.

AB 2

REPORTAGE

Leben im Plattenbau

kugverlag.de/ytlih

Aufgabe 1

a) Schaut euch die Doku **Leben im Hochhaus – Dreesch 1–3** von **NDR Story** auf YouTube an.
Macht euch Notizen zu folgenden Schwerpunkten:

So sieht es im Dreesch aus	Was beschäftigt die Menschen/Kinder dort?	Wozu war das Plattenbauviertel gedacht?
• *zahlreiche Hochhäuser in Plattenbauweise* • *viel Grau; Verwahrlosung, Müll, aber auch Grün und ein See in der Nähe*	• *Arbeitslosigkeit; Kriminalität; Drogen; Verwahrlosung der Viertel* • *Das Leben wird als hart und unsicher empfunden.* • *Viele wollen wegziehen.*	• *Die Wohnungsnot sollte bekämpft werden.* • *Es sollten moderne Wohnungen geschaffen werden: Heizung, Warmwasser, Toiletten.* • *Es herrschte ein positives Lebensgefühl.*

Aufgabe 2

Gibt es ein Viertel wie den Dreesch auch in eurer Stadt? Sprecht in der Klasse darüber.

Individuelle Lösungen

Aufgabe 3

In der Dokumentation wird vom Begriff „Segregation“ gesprochen. Erkläre diesen Begriff mit eigenen Worten und erläutere, warum diese so ein großes Problem darstellt.

Mit „Segregation“ ist die Trennung zwischen Arm und Reich gemeint. Arme und Reiche leben in getrennten Welten und haben nicht viel miteinander zu tun.

In den Stadtteilen, in denen die Armen wohnen, gibt es viele leere Wohnungen, hohe Kriminalität und viele Stimmen für die AfD. Das führt dazu, dass niemand dort wohnen möchte, wodurch es zu einer Abwärtsspirale kommt.

➲ Aufgabe 4

a) Vergleiche die Situation aus der Doku mit dem Wohnumfeld von Mischa und Amy. Welche Gemeinsamkeiten und Unterschiede kannst du finden?

Gemeinsamkeiten:
Arme Menschen leben in Hochhaussiedlungen, reiche in Einfamilienhäusern; Kinder in prekären Verhältnissen

Unterschiede:
Gewalt wird nicht als Problem der Wohngegend dargestellt, sondern kommt nur im Zusammenhang mit den Verbrechern vor, auf die Mischas Vater sich einlässt;
Kinder aus reichen und armen Familien besuchen dieselbe Schule, deutlich weniger soziale Segregation; Mischa verhält sich vorbildlich, ist kein „Problemjugendlicher"; kein Drogenkonsum

b) Ein paar Dinge, die wir in der Doku zu sehen bekommen, fehlen in *Feuerwanzen lügen nicht*. Verfasse ein weiteres Kapitel, in dem Mischa, Nits und Amy mit Herausforderungen aus dem Film konfrontiert werden.

Hier könnten Drogenkonsum, Gewalt, Geflüchtete oder Ausländerfeindlichkeit in der Wohnumgebung thematisiert werden, aber auch die Stigmatisierung der Bewohner (z. B. könnte der fiese Felix sich entsprechend äußern).

AB 3

SCHREIBPROJEKT

Die Geschichte aus Mischas Sicht

Es könnte ein reizvolles Projekt sein, nach der Lektüre die ganze Geschichte aus Mischas Sicht zu erzählen. Je nach Klassengröße könnten dabei jeweils ein bis zwei Schüler/-innen ein Kapitel übernehmen.

Hinweis: Als Hilfe kann auch **AB 6** herangezogen werden.

Aufgabe

Erzähle die Ereignisse dieses Kapitels aus Mischas Sicht. Achte darauf, was Mischa zu diesem Zeitpunkt weiß und was Nits weiß bzw. nicht weiß und nicht wissen soll.

Überlege dir, ob und wenn ja, wie du über die Ereignisse berichtest, bei denen Mischa nicht anwesend ist.

Individuelle Lösungen

SCHREIBPROJEKT

AB 4

»What if …?«

➲ Aufgabe 1

Was wäre gewesen, wenn …? Die Geschichte von Nits und Mischa hätte auch schon früher ganz anders weitergehen können. Überlege dir, an welchen Stellen die Geschichte eine ganz andere Wendung hätte nehmen können. Formuliere dazu Sätze im Konjunktiv II. Wenn du unsicher bist, informiere dich über den Konjunktiv II.

Wenn Mischa … ______________________________

____

____

Wenn Nits … ______________________________

____

____

Auf der Kopiervorlage befinden sich weitere Felder zum Eintragen.

INFOBOX

Der **Konjunktiv II** wird verwendet, um Situationen zu beschreiben, die nicht real sind oder die man sich nur vorstellt.

Der Konjunktiv II wird aus dem Wortstamm der Präteritumform des Indikativs gebildet. Bei starken Verben tritt häufig ein Umlaut (ä, ö, ü) auf. Außerdem wird bei starken Verben in allen Endungen ein **e** eingefügt:

- **sein** ich wäre, du wär(e)st, er/sie/es wäre, wir wären, ihr wär(e)t, sie wären
- **haben** ich hätte, du hättest, er/sie/es hätte, wir hätten, ihr hättet, sie hätten
- **gehen** ich ginge, du gingest, er/sie/es ginge, wir gingen, ihr ginget, sie gingen
- **singen** ich sänge, du sängest, er/sie/es sänge, wir sängen, ihr sänget, sie sängen

Bei schwachen Verben stimmen Indikativ- und Konjunktivform überein.
Deshalb verwendet man meist die Ersatzform mit ***würde***:

- **ich baue** ich baute → **Ersatzform**: ich *würde* bauen

➲ Aufgabe 2

Wähle eine der Möglichkeiten und schreibe ein neues Ende des Romans. Ihr könnt euch dazu auch in Gruppen zusammentun und mehrere Fortsetzungskapitel schreiben.

AB 5

SCHREIBPROJEKT

Poetry Slam

kugverlag.de/ytjeur

Aufgabe 1

Manche sagen, Nits slamme (S. 7). Schaut euch im Internet verschiedene Slams an, z. B. den **Slam über das Slammen** von Julius Esser auf YouTube.

Was ist ein Poetry Slam und was macht einen guten Slam-Beitrag aus?

Ein Poetry Slam ist ein Wettbewerb, bei dem selbstgeschriebene Gedichte oder Geschichten vorgetragen werden. Für die Präsentation hat man in der Regel drei bis fünf Minuten Zeit. Das Publikum oder eine Jury bewertet die Auftritte und entscheidet, welcher am besten war. Die Themen der Texte können sehr unterschiedlich sein.

Ein guter Slam-Beitrag zeichnet sich aus durch

- ***Originalität:*** *Der Text soll einzigartig und selbstgeschrieben sein - auch nicht KI-geschrieben.*
- ***Inhalt:*** *Der Text soll eine klare Botschaft haben und die Zuhörer fesseln.*
- ***Sprachliche Kreativität:*** *Ein guter Slam-Text nutzt sprachliche Mitteln: Metaphern, Alliterationen, Wortspiele - und natürlich Reime.*
- ***Performance:*** *Wirklich gut wird ein Slam erst, wenn er gut vorgetragen wird.*

Aufgabe 2

Führt selbst einen Poetry-Slam-Wettbewerb in eurer Klasse durch. Vielleicht habt ihr sogar Lust, einen Slam an eurer Schule zu organisieren?

AB 6

SCHREIBPROJEKT

Nacherzählung aus veränderter Perspektive

„Nacherzählung aus veränderter Perspektive" heißt, dass du einen vorgegebenen Text (z. B. einen Ausschnitt aus einem Jugendbuch, eine Sage, ein Märchen, ...) aus der Sicht einer anderen Figur erzählst.

FIGUR

- **WISSEN DER FIGUR**
  Was kann die erzählende Figur wissen? Und was nicht? Erzähle nur, was die Figur wissen kann! Beachte, dass sie die Gedanken und Gefühle anderer Figuren nicht wissen kann. Manchmal kann sie sie aber aus den Äußerungen und dem Verhalten anderer Figuren erschließen.
- **GEDANKEN UND GEFÜHLE DER FIGUR**
  Was denkt und fühlt die Figur? Das steht (häufig) nicht im Ausgangstext, sondern du musst es dir selbst überlegen. Natürlich müssen die Gedanken und Gefühle zu der Figur und ihrer Rolle im Werk passen.
- **SPRACHE DER FIGUR**
  Die Sprache sollte zu der Figur passen und abwechslungsreich sein.

WICHTIG: WENDE DEIN WISSEN AN
Vor allem bei Ausschnitten aus Romanen oder anderen längeren Texten kannst (und sollst) du hier dein Wissen aus anderen Teilen des Werks einbringen.

Beispiel aus *Feuerwanzen lügen nicht:*
Mischa weiß von Anfang an, dass und warum er lügt – Nits weiß das nicht.

ERZÄHLPERSPEKTIVE

- Die Nacherzählung aus veränderter Perspektive kann eine Er-/Sie-Erzählung sein (personaler Erzähler) oder eine Ich-Erzählung (Ich-Erzähler).
- Achte darauf, was verlangt ist! Wenn du wählen darfst: Achte darauf, dass du die gewählte Form konsequent durchhältst!

ALLGEMEIN

Was für (Nach-)Erzählen immer gilt:

- Achte auf einen interessanten, stimmigen Anfang.
- Beachte die Reihenfolge der erzählten Ereignisse.
- Lasse nichts Wichtiges weg.
- Erfinde nichts Wesentliches dazu. Du kannst kleine Ergänzungen machen, aber die Haupthandlung sollte sich dadurch nicht verändern.
- Erzähle das, was wichtig ist, am ausführlichsten. Gestalte den Höhepunkt mit wörtlicher Rede, Gedanken und Gefühlen aus.
- Verwende das Präteritum.

AB 7

SCHREIBPROJEKT

Eine Rezension verfassen

INFOBOX

Eine Rezension besteht typischerweise aus drei Teilen:

1. **Einleitung:** Hier werden die wichtigsten Fakten zum Werk genannt sowie eine kurze Zusammenfassung des Inhalts. Dabei sollte man aber keine entscheidenden Wendungen oder das Ende verraten.
2. **Hauptteil:** In diesem Abschnitt äußerst du deine persönliche Meinung und Bewertung des Werks. Begründe, was dir gefallen hat und was nicht, und belege deine Argumente mit konkreten Beispielen aus dem Werk. Gehe auf Stärken und Schwächen ein, z.B. die Handlung, Charaktere, Spannung, Schreibstil etc.
3. **Schluss:** Fasse hier deine Bewertung zusammen und gib eine abschließende Empfehlung, für wen sich das Werk eignet oder nicht eignet.

Aufgabe

a) Bereite deine Rezension vor. Notiere dir dazu Stichworte.

EINLEITUNG

- Titel des Buches
- Autor
- Erscheinungsdatum
- Verlag
- Umfang
- Genre (z. B. Kinderbuch, Roman, Krimi,...)
- Thema und Inhalt

HAUPTTEIL

- Wie gefallen dir die Figuren? Wirken sie echt? Sind sie sympathisch? Kann man sich mit ihnen identifizieren?
- Ist das Buch spannend? Oder eher langweilig? Warum?
- Wie ist das Thema umgesetzt? Ist die Handlung realistisch?
- Wie ist der Schreibstil? Was fällt auf? Wie gefällt dir der Schreibstil?

SCHLUSS

- Wie ist dein Gesamteindruck?
- Würdest du das Buch weiterempfehlen? Wenn ja, wem?

b) Verfasse die Rezension. Schreibe im Präsens und verwende Zitate.

KLAUSURAUFGABEN

Die Klausuraufgaben und den Korrekturbogen finden Sie als Kopiervorlage im Downloadbereich.

Erörterungsaufgabe

Je nach Klassenstufe und Schulart, in der der Roman behandelt wird, bieten sich verschiedene Klassenarbeitsformate an.
Sie finden ein Beispiel für eine literarische Erörterung. Diese setzt eine intensive Auseinandersetzung mit der Armutsproblematik voraus.

Nacherzählung aus veränderter Perspektive

Möglich wäre aber auch, die Lektüre mit einer Klausur „Nacherzählung aus veränderter Perspektive" abzuschließen. Dafür werden verschiedene mögliche Stellen genannt. Zu den einzelnen Stellen gibt es keinen detaillierten Erwartungshorizont. Es ist aber ein Bewertungsbogen beigegeben, der für alle Aufgaben verwendet werden kann. Er findet sich auch im Downloadbereich, so dass er individuell angepasst und ergänzt werden kann.

Kreative Schreibaufgaben

An vielen Stellen des Lesebegleiters werden Vorschläge für kreative Schreibaufgaben gemacht. Hier sollten individuell Schwerpunkte gesetzt werden. Auch solche Aufgaben können als Klausuraufgaben genutzt werden.

KLAUSUR

Erörterungsaufgabe

Name: ______________________ Datum: ____________

Die Armutsforscherin Dr. Antje Richter-Kornweitz von der Landesvereinigung für Gesundheit und Akademie für Sozialmedizin Niedersachsen äußerte sich in einer Debatte über Kinderarmut folgendermaßen:

> „Ein wichtiger Teil der Resilienzförderung[1] besteht darin, **Eltern zu ermöglichen, ihren Kindern diesen Schutz bieten** zu können. Das ist insbesondere für **finanziell benachteiligte Eltern** oft schwer, da die ständige Mangelsituation einen **enormen Stress erzeugt**. Oft haben diese Eltern **mehrere schlecht bezahlte Jobs** und es bleibt **kaum Zeit für die Kinder**."[2]
>
> [1] „Resilienz" bedeutet, schwierige Situationen im Leben meistern zu können.
> [2] Quelle: https://www.die-debatte.org/kinderarmut-resilienz/ (aufgerufen am 05.09.2024).

➲ Aufgabe

Beurteile, inwieweit die Aussagen der Forscherin auf die Handlung von *Feuerwanzen lügen nicht* zutreffen. Beweise deine Ausführungen an ausgewählten Textstellen und verfasse am Ende ein Fazit.

Für deine Ausarbeitung solltest du **mindestens drei der fettgedruckten Aspekte** bearbeiten.

KLAUSUR

Nacherzählung aus veränderter Perspektive

- **Zu Kapitel 3:**
  Erzähle aus Mischas Sicht über den Morgen, an dem er Nits das Attest zeigt. Gehe dabei auch auf sein Problem mit der Badehose und die „Lösung“ ein. Achte darauf, was Mischa zu diesem Zeitpunkt weiß und was Nits weiß bzw. nicht weiß und nicht wissen soll.

- **Zu Kapitel 5:**
  Nachdem Nits Mischa auf das gefälschte Attest angesprochen hat, schweigen beide sehr lange und beobachten eine Feuerwanze, die über ihre Schuhe krabbelt. Im Roman wird das aus Nits' Sicht geschildert.
  Erzähle die Situation aus Mischas Sicht.

- **Zu Kapitel 18:**
  In Kapitel 18 (S. 197–201) müssen Mischa und Nits Herrn Bassler die Wahrheit über Mischas Situation sagen. Dies führt zu einer überraschenden Reaktion des Lehrers.
  Erzähle die Situation aus Herrn Basslers Sicht.

KORREKTURBOGEN

Nacherzählung aus veränderter Perspektive

Name: ____________________

		Trifft voll zu	Trifft zu	Trifft teilweise zu	Trifft kaum zu	Trifft gar nicht zu
Vorarbeit	Du hast sinnvolle Vorarbeiten gemacht.					
Inhalt	**1. Anfang:** Deine Erzählung beginnt interessant und stimmig.					
	2. Vorgeschichte: Du gehst (kurz) auf die Vorgeschichte ein.					
	3. Perspektive: Du hast durchgängig aus der Sicht der vorgegebenen Figur geschrieben und erwähnst nur, was diese wissen kann.					
	4. Inhalt: Du lässt nichts Wichtiges weg und erfindest nichts dazu, durch das sich die Haupthandlung verändert.					
	5. Gedanken und Gefühle: An einigen wichtigen Stellen enthält deine Erzählung Gedanken und Gefühle der Figur, die erzählt.					
	6. Ergänzungen aus Vorwissen: Du bringst dein Wissen über die Figuren aus anderen Teilen des Werkes ein.					
	7. Ausgestaltung: Du erzählst das, was am wichtigsten ist, am ausführlichsten. Du erzählst spannend.					
Form und Sprache	**1.** Der Aufsatz ist durchgängig in der **Ich-Form** oder in der **Er-Form** geschrieben.					
	2. Du hast durchgängig im **Präteritum** bzw. bei Vorzeitigkeit im Plusquamperfekt geschrieben (Korrekturzeichen: T).					
	3. Du hast **in eigenen Worten** erzählt.					
	4. Die **Ausdrucksweise** ist korrekt (Korrekturzeichen: A), angemessen und abwechslungsreich.					
	5. Grammatik und Satzbau sind korrekt (Korrekturzeichen: Gr und Sb).					
	6. Du hast die **Satzzeichen bei wörtlicher Rede** richtig gesetzt.					
	7. Die **Kommasetzung** entspricht dem zu erwartenden Leistungsstand (Korrekturzeichen Z).					
	8. Die **Rechtschreibung** entspricht dem zu erwartenden Leistungsstand (Korrekturzeichen R).					
	9. Der Aufsatz hat eine saubere **äußere Form** (= leserlich, ordentliche Streichungen, Rand frei, ggf. klar erkennbare Einfügungen).					

UNTERRICHTSPLANUNG

Wochenübersicht

Für die Planung wird hier eine *Wochenübersicht* zur Verfügung gestellt. Diese kann – und soll – aber individuell angepasst werden. Je nachdem, wo Schwerpunkte des Unterrichts liegen, können hier auch engere Vorgaben gemacht werden, also dass eine bestimmte Anzahl von Sternen über Schreibaufgaben gesammelt werden muss. Deshalb wird das Übersichtsblatt auch im Downloadbereich zur Verfügung gestellt.

Die Kopiervorlagen finden Sie im Downloadbereich.

Sterneaufgaben

Der Lesebegleiter kann im normalen Klassenunterricht, aber auch für Freiarbeit eingesetzt werden. Alle Aufgaben des Lesebegleiters zu bearbeiten, wird nicht immer sinnvoll und möglich sein. Deshalb sollte – je nach Unterrichtsschwerpunkt, Schulart und Klassenstärke – ein Teil der Aufgaben zu Wahl-/Wahlpflichtaufgaben erklärt werden („Sterneaufgaben").

Dasselbe gilt für das Übersichtsblatt *Sterneaufgaben* für die Hand der Schülerinnen und Schüler. Wenn die Arbeit mit dem Lesebegleiter benotet werden soll, muss die Lehrkraft die Zahl der zu bearbeitenden „Sterneaufgaben" selbst festlegen. Möglich wäre hier beispielsweise, ein Minimum von 10 Sternen einzufordern und je Note 5 bis 7 weitere Sterne.

RÜCKBLICK UND BEWERTUNG

Mit dem *Reflexionsbogen* werden die Schülerinnen und Schüler angeleitet, ihr Arbeiten zu reflektieren. Der *Rückmeldebogen* ermöglicht der Lehrkraft eine schnelle und übersichtliche Rückmeldung. Auch er kann individuell angepasst werden.

UNTERRICHTSPLANUNG MIT DEM LESEBEGLEITER

Wochenübersicht

★ **Hinweis zu den Sterneaufgaben**

Die hier aufgeführten Sterneaufgaben können als Wahl-/Wahlpflichtaufgaben bearbeitet werden. Alle übrigen Aufgaben sind Pflichtaufgaben.

Woche	Lesen	Sterneaufgaben
1	**Kapitel 1** 13 Seiten	
2	**Kapitel 2–4** 30 Seiten	• Kapitel 2, Aufgabe 2 ★★ • Kapitel 4, Aufgabe 3b, pro Sportart ★ • Kapitel 4, Aufgabe 3c ★★ • Kapitel 4, Aufgabe 4 ★★
3	**Kapitel 5–7** 33 Seiten	• Kapitel 6, Aufgabe 2b ★★ • Kapitel 6, Aufgabe 3a ★★ • Kapitel 6, Aufgabe 4c ★★★ • Kapitel 7, Aufgabe 2b ★★
4	**Kapitel 8–10** 41 Seiten	• Kapitel 9, Aufgabe 2b ★★ • Kapitel 9, Aufgabe 4b ★ • Kapitel 10, Aufgabe 2b ★★ • Kapteil 10, Aufgabe 3a ★★
5	**Kapitel 11–15** 42 Seiten	• Kapitel 13, Aufgabe 3c ★ • Kapitel 14, Aufgabe 4b ★★
6	**Kapitel 16–21** 68 Seiten	• Kapitel 17, Aufgabe 4 ★★★ • Kapitel 18, Aufgabe 4 ★★★ • Kapitel 19, Aufgabe 3 ★★ • Kapitel 21, Aufgabe 2b ★★
	Nach dem Lesen	Ob Seiten aus diesem Bereich als Pflichtaufgaben bearbeitet werden, hängt von der Schwerpunktsetzung ab. Sie eignen sich grundsätzlich auch als Sterneaufgaben: • Freundschaft ★★★★★ • Wortmusik ★★★★★ • Tiere, Tiere, Tiere ★★ (pro Kapitel) • Rezension ★★★★★★ • Steckbrief ★★★★

FREIARBEIT MIT DEM LESEBEGLEITER

Sterneaufgaben

Wir arbeiten in den nächsten Wochen hauptsächlich in Freiarbeit mit dem Lesebegleiter zu *Feuerwanzen lügen nicht* von Stefanie Höfler. Die meisten Aufgaben sind für alle verpflichtend. Einige Aufgaben bearbeiten wir gemeinsam. Manche Aufgaben sind „Sterneaufgaben" für besonders interessierte und schnelle Schülerinnen und Schüler.
Du bekommst für die Bearbeitung Bonuspunkte.

Wie viele „Sterneaufgaben" muss ich machen?

Ohne Sterneaufgaben kann man keine ausreichende Note bekommen. Für eine bessere Note ist es natürlich vor allem wichtig, die Pflichtaufgaben gut und sorgfältig zu bearbeiten. Außerdem musst du einige Sterneaufgaben bearbeiten. Diese sind unterschiedlich umfangreich und anspruchsvoll (Zahl der Sterne).

Wähle aus, was dich besonders interessiert! In der Regel braucht man für eine ausreichende Note mindestens _____ Sterne. Für eine befriedigende Note solltest du (wenn der Rest gut gemacht ist) etwa _____ Sterne sammeln, für eine gute Note etwa _____ und für eine sehr gute Note etwa _____.

Du musst mindestens _______________ für Schreibaufgaben sammeln.

TIPP
Markiere die Aufgaben, die du nicht bearbeiten musst/willst, in deinem Lesebegleiter.

Die hier nicht aufgeführten Seiten im Arbeitsheft werden jeweils vollständig bearbeitet.

Seite und Aufgabe im Lesebegleiter	Hinweis zu den Aufgaben	erledigt ✓
S. 10: **Kap. 2, Aufgabe 2**	kurzer Vortrag ★★	
S. 16: **Kap. 4, Aufgabe 3b**	Rechercheaufgabe zu Sportarten, je Sportart ★	
S. 17: **Kap. 4, Aufgabe 3c**	Rechercheaufgabe zum Mindestlohn ★★	
S. 17: **Kap. 4, Aufgabe 4**	Schreibaufgabe „Tagebucheintrag" ★★	
S. 20: **Kap. 6, Aufgabe 2b**	Reime finden und erfinden ★★	

S. 21: **Kap. 6, Aufgabe 3a**	Kreativaufgabe „Zeichnen“ ★★	
S. 22: **Kap. 6, Aufgabe 4c**	Schreibaufgabe „Innerer Monolog“ ★★★	
S. 23: **Kap. 7, Aufgabe 2b**	Rechercheaufgabe zu Armut und Ernährung ★★	
S. 26: **Kap 9, Aufgabe 2b**	Rechercheaufgabe zu „Tafeln“ ★★	
S. 27: **Kap. 9, Aufgabe 4b**	Rechercheaufgabe zu Armut in Deutschland ★	
S. 29: **Kap. 10, Aufgabe 2b**	Schreibaufgabe „Gespräch“ ★★	
S. 30: **Kap. 10, Aufgabe 3a**	Szenische Darstellung (in Gruppen) ★★	
S. 34: **Kap. 13, Aufgabe 3c**	Rechercheaufgabe zu „Kindeswohlgefährdung“ ★	
S. 36: **Kap. 14, Aufgabe 4b**	Sprachliche Bilder finden und erklären ★★	
S. 42: **Kap. 17, Aufgabe 4**	Schreibaufgabe „Innerer Monolog“ ★★★	
S. 43: **Kap. 18, Aufgabe 4**	Schreibaufgabe oder szenische Aufgabe (in Gruppen) ★★★	
S. 45: **Kap. 19, Aufgabe 3**	Schreibaufgabe „Notizen“ ★★	
S. 47: **Kap. 21, Aufgabe 2b**	Szenische Darstellung (in Partnerarbeit) ★★	

RÜCKBLICK AUF DEINE ARBEIT

Reflexionsbogen

Liebe Klasse _____ ,

ihr habt in den letzten Wochen intensiv mit der Lektüre *Feuerwanzen lügen nicht* gearbeitet. Nun ist es an der Zeit, euren Arbeitsprozess und eure Leistungen zu reflektieren. Bitte beantwortet die folgenden Fragen ehrlich und ausführlich.

Qualität

1. **Wie gut hast du die Aufgaben bearbeitet? (Kreuze an)**

   ☐ Sehr gut ☐ Gut ☐ Befriedigend ☐ Ausreichend ☐ Mangelhaft

2. **Was waren die Stärken deiner Arbeit? Nenne mindestens zwei Punkte.**

   ____

   ____

3. **An welchen Stellen siehst du noch Verbesserungspotenzial?**

   ____

   ____

Spaß

4. **Wie viel Spaß hat dir die Bearbeitung der Lektüre insgesamt gemacht? (Kreuze an)**

   ☐ Sehr viel ☐ Viel ☐ Mittelmäßig ☐ Wenig ☐ Gar keinen

5. **Welche Aspekte der Lektüre hast du besonders spannend oder interessant gefunden? Begründe deine Antwort.**

   ____

   ____

6. **Gab es Teile oder Aufgaben, die dir weniger Spaß gemacht haben? Wenn ja, welche und warum?**

   ____

   ____

Arbeitsorganisation

7. **Wie gut konntest du dich bei der Bearbeitung der Lektüre selbst organisieren und motivieren?**

   ☐ Sehr gut ☐ Gut ☐ Befriedigend ☐ Ausreichend ☐ Mangelhaft

8. Wie viel Zeit hast du für die Bearbeitung investiert im Vergleich zum „normalen" Unterricht mit Hausaufgaben?

☐ Viel mehr ☐ Etwas mehr ☐ Ungefähr gleich ☐ Etwas weniger ☐ Viel weniger

9. Was könnte dir in Zukunft dabei helfen, deine Arbeitsorganisation zu verbessern?

____

____

10. Wie viel hast du deiner Einschätzung nach durch die Bearbeitung der Lektüre *Feuerwanzen lügen nicht* dazugelernt?

☐ Sehr viel ☐ Viel ☐ Einiges ☐ Wenig ☐ Gar nichts

11. Wenn du nicht „sehr viel" oder „viel" dazugelernt hast, was sind die Gründe dafür?

____

____

Lesebegleiter

12. Wie anspruchsvoll war der Lesebegleiter?

☐ Viel zu anspruchsvoll ☐ Eher zu anspruchsvoll ☐ Genau richtig ☐ Eher zu leicht
☐ Viel zu leicht

13. Gab es bestimmte Aufgaben oder Materialien, die du als besonders schwierig oder besonders leicht empfunden hast? Nenne konkrete Beispiele und begründe deine Einschätzung.

____

____

14. Konntest du dich mit den bereitgestellten Arbeitsmaterialien gut auf die Klassenarbeiten zur Lektüre vorbereiten?

☐ Die Materialien haben mich sehr gut auf die Klassenarbeiten vorbereitet. Ich fühlte mich bestens vorbereitet.
☐ Die Materialien haben mich überwiegend gut vorbereitet, es gab aber einige Lücken.
☐ Die Materialien haben mich nur teilweise auf die Klassenarbeiten vorbereitet. Einiges kam unerwartet.
☐ Die Materialien haben mich kaum auf die Klassenarbeiten vorbereitet. Vieles war neu für mich.
☐ Die Materialien haben mich gar nicht auf die Klassenarbeiten vorbereitet. Ich fühlte mich völlig unvorbereitet.

Verbesserungsmöglichkeiten

15. Welche Änderungen oder Verbesserungsvorschläge hättest du für die nächste Lektürebearbeitung?

____

16. Gibt es weitere Anmerkungen oder Rückmeldungen, die du gerne abgeben möchtest?

____

Vielen Dank für deine Mitarbeit und dein Engagement! Deine Rückmeldungen sind sehr wertvoll für mich, um den Unterricht weiter zu verbessern.